U0041169

孩子有想法，我們就想辦法

開始天賦教養的5堂課

彭菊仙｜著

〔推薦序1〕

混亂與出錯，是兒童創造力的源頭！

天才領袖感覺統合兒童發展中心執行長　王宏哲

很多的家長及老師，都會問我一個問題：「兒童的創造力該怎麼培養？」，我的回答很簡單，有三個大的方向：一是動手做中學，千萬不要只有用想的、用看的、用聽的；二是除生活規律外，不要凡事要求孩子井然有序，孩子就會窮盡腦袋，整理出一個新的方向；三是沒有錯誤失敗，讓孩子總是贏家的教養方式，會讓孩子不會從錯誤中修正，更別提能培養出預防錯誤的創造力孩子。

美國哲學家及教育家杜威（John Dewey）曾經提出「Learning by Doing」的學習方針，他認為直接、具體的實際經驗才是真正學習的過程。另外，教育學家大衛科博（David Kolb）後來也更提出了經驗學習「experiential learning」，他認為這種方式，會讓孩子積極參與問題解決的歷程，最後帶來最佳學習效果。國內外更有些研究發現，動手讓孩子去參與，學習的效率及成就竟然提升十二％～二十％的結果。另外，從腦科學的觀點，動手學習可以增加大腦神經元的連結，增加孩子的智力與創造力，這些都是現代家庭及教育應該了解的科學育兒新觀點。

創造的內在動機及學習慾望，是孩子本身就有的，我想這是菊仙老師在這本著作中最想讓

家長們知道的。那大家一定在思考：「那父母的角色在哪裡？該做些什麼？」，我自己是兩個孩子的爸爸，透過這本書，深深的被菊仙老師啟發，對於從以前到現在，啟發天賦向來這麼難的育兒議題，有了初步的想法：

1. 幫孩子解決問題前，家長先等一等，放手讓孩子去做，你就會很驚訝的發現，他會的比你想像中的多；而且你的想法，不見得是孩子的想法，陪伴就好。（在Lesson 2的「拖著他走，不如陪他前進」）。
2. 提供孩子環境或材料就好，孩子不一定需要爸媽這本參考書，因為孩子有他的想法，孩子會變出自己的玩具，孩子也期待自我發揮（在Lesson 1的「空間不受限，創意就越自由」）。
3. 透過遊戲的方式來進行，玩中學就是做中學，從小提升孩子的興趣，讓他發自內心覺得好玩，比提升孩子的技巧還要更重要。（在Lesson 4的「興趣在哪裡，學習就在哪裡」）
4. 尊重孩子透過感官體驗到的東西，並參與孩子的夢想話題，讓孩子當當小老師來增加自信心與成就感（在本書Lesson 3的「做孩子的熱情啦啦隊與頭號粉絲」）。
5. 父母帶著孩子，透過更多生活的、自然的體驗，跳出教養的框架，讓你們有第二層、第三層的親子關係，而不是停在上對下的教養關係。（在本書Lesson 5的「有自信，才能更快樂的自主學習」）。

　　育兒教養的現場，不需要太多的理論，而菊仙老師總是用最動人的筆觸，將她多年來豐富及成功的教養經驗，分享給所有台灣的爸媽們。如果要發掘孩子的天賦，要打造孩子的創造力，育兒一定要有方法。這是一本不可或缺的創造力育兒寶典，每一章的故事及做法都深得我心，誠摯的推薦給大家！

〔推薦序2〕

善於挖礦的高手

自然生態親子專家、自然筆記廣播節目主持人　范欽慧

菊仙是我大學的學妹，但是從來不知道她是一個這麼了不起的媽媽，我對她真正的認識，是從富陽森林的那天夜晚開始。

富陽森林公園是台北市非常難得的都會森林，有一次我也來夜觀生態，聽見大赤鼯鼠的聲音，這時候忽然看到有一對母子在森林中現身，原來這隻飛鼠的動靜，早就在他們的掌握中。過去我只有看過動物學家有這般身手，沒想到居然有這麼一對親子生態調查員，引起我的好奇。

走近一看，居然就是菊仙帶著他的小兒子，我這才知道原來每個週五晚上，孩子都會把所有的事情打點好，催促著母親趕快來到富陽森林公園裡進行觀察，而且風雨無阻的從民生社區來到這裡報到。知道我也樂在自然，孩子開心地跟我細數了他觀察到的台北樹蛙、飛鼠、領角鴞……看到孩子與致盎然的分享，其實讓我更感動的，是那位默默守在孩子背後的身影。

菊仙並不是那種天生「自然系」的母親，她思緒敏銳，能言善道，在職場是一個幹練的主管，有著豐富的工作歷練。但是如果有選擇，我相信她寧可逛街跟朋友喝下午茶，也不會跑去

森林賞蟲看鳥。但是最難得的是，她非常擅長去觀察到孩子的特質，而且全心全意的配合與支持，認真的陪伴孩子去發現這個世界的所有驚奇與美妙。

我們在新聞教育中，經常要幫讀者找到報導上的亮點，我在菊仙的書上，也看到了這樣的文字。所謂的「找亮點」，並不是要尋找所謂的公眾利益（public interest），也不用考慮社會的主流觀點與價值。對父母最大的挑戰，就是要對那位你極為深愛又要帶著天生禮物而來的小生命，努力幫忙他們去辨識那最幽微的使命，說是找亮點，其實更像是挖礦。

我曾問過菊仙，寒暑假都幫孩子安排什麼樣的活動，她的回答很有趣：「孩子早就自己決定了。」老大決定寫完自己第一本小說，老二想要完成機械手的設計，老三想要觀察社區內的猛禽。猛禽？在台北的巷弄中？「是的，我家老三有一天觀察到一隻像是老鷹的動物，經常在附近出沒，他想要跟蹤這隻動物可能的行蹤。」我真的迫不及待想了解菊仙如何做到這一切的，我想你一定也很想知道答案吧？那麼，就讓我們從這裡開始吧！

〔推薦序3〕

又一次精彩的課程——我看「開始天賦教養的5堂課」

親子作家　張美蘭（小熊媽）

真高興又再次看到菊仙的新書，我想：有三個男孩的前輩，她的教養經驗一定要好好拜讀一下；果然我沒有失望，這本書的五堂課裡，每一堂我都拍案叫好，心有戚戚焉！

記得小熊在美國小學的暑假前夕，在美國周遭華人的比較下，我有種莫名的焦慮：暑假這麼長，別的孩子都去補課業、補才藝了，如何讓孩子的暑假過得有意義呢？

我問了一位美國母親，她有三個大男孩，一定很有想法吧？想不到她說：「暑假，就是讓孩子放假啊！平日他們上課學習好幾個月，已經夠辛苦了，放假就是好好relax，隨性活動啊！」

當我聽到平日上課很辛苦這句話，想到美國與台灣的孩子比較，心中偷偷一笑：美國孩子應該沒那麼辛苦吧？不過她的說法，也讓我開始反思：充實暑假的真實意義。

回台定居數年了，我家老大小熊即將於今年夏天小學畢業，一整個空閒的暑假馬上就要來到，家人紛紛建議，要我給他安排一個「緊湊又忙碌的學習暑假」！有人建議去補習班補整整兩個月，把七年級的數學、自然與英文全部提早學完！另有人建議我讓他去好的全美語環境，如送去美國的舅舅家，參加美式夏令營！還有人與我分享了許多台灣多采多姿的夏令營……

其實，我心裡有個聲音，一直不安地說：這是我該給孩子的暑假嗎？

菊仙在本書中，寫了一段很有智慧的話，給了我認同的看法：

凱凱總是對我說，請不要幫他安排任何才藝課，暑假更不要報名任何夏令營。因為他腦海中有很多設計圖，等著他一一變成現實……

《慢活》的作者歐諾黑（Carl Honore）說：「孩子沒有受到強化刺激的時候、沒得到你關注的時候、閒著無聊的時候，都是成長的一部分。孩子真正需要的是更多不接受輸入的時間、更多處理自己經驗的時間。」

菊仙一向鼓勵孩子自己動手做，給孩子許多（不花大錢的）資源，讓孩子充分發揮自己的想法，她更精確的點出：孩子需要發呆、放空、放鬆、無所事事的時間。這種觀念與現在主流父母的教養觀點，其實是很不同的。大部分的父母，常常想讓孩子去外面上才藝課、學科學、律動，更別說補好英數理化了！孩子只要一有空閒，就被認為是浪費生命，一定要安排他們做些有意義的事情才行……

菊仙說得好：「無論幾歲的孩子，都該給他繼續遊戲的權利。」盡量讓孩子於假日主導自己的學習方向，因為這樣的自我教育，才能變為將來終生學習的習慣與動力！

感謝菊仙，又給我及台灣許多父母又上了寶貴的五堂教養課。

〔推薦序4〕

把學習的主導權還給孩子

親職教育專家、資深媒體人　陳安儀

我跟菊仙有蠻多相似的背景：都熱愛寫作；都曾在媒體任職；都為了小孩辭職回家；然後也都因為孩子而成為親職教養書的作者，走上演講寫作的專職之路。

唯一不同的是，我擁有一兒一女，而菊仙則是住在「男生宿舍」裡——她生了三個兒子！每每在臉書上看她分享三隻小豬的點點滴滴，我都由衷的佩服。除了要對付三個小男生的旺盛精力、準備四個大小男生的豐盛吃食之外，她更發揮了無比的耐性與毅力，陪伴著三個興趣嗜好完全不同的孩子，準備各種媒材、搜尋廣泛的資料、提供適當的環境，並且信任孩子自主、不強迫孩子學習，讓孩子得以發揮所長，鑽研自己有興趣的項目。

而在這些「孩子有想法，我們就想辦法」的過程中，菊仙總是在一旁，細心的記錄下孩子的創作、孩子的發現，再繼續鼓勵、引導他們，當然，也不忘跟粉絲、好友分享。所以，這本書雖然是新出版的，但內容我卻一點也不陌生，因為凱凱、翔翔、鈞鈞的點點滴滴，都是這幾年來，大家一起見證的過程。

其實，現代的父母往往太過焦慮，將孩子的時間塞得太滿，排滿了才藝課、各式各樣的學習課程，卻往往忘了給孩子留白的時間，讓孩子有機會去發展自己的興趣。這一點，我跟菊仙有同樣的看法。菊仙在本書中提到，孩子有一個「瘋狂重複」的過程，會在某個特定時間愛上做某一件事，然後就會瘋狂地一再重複，一直做到「心滿意足」為止。這個過程，對孩子的成長很重要，這點我也有深刻的體認。

我家姊姊，有一陣子陷入瘋狂寫小說的狀況，每天可以不吃不喝、坐在電腦前不停的打字；又有一陣子瘋狂愛上彈鋼琴，早也彈、晚也彈；最近則是瘋狂的畫漫畫，在所有可以拿到手的紙上到處做畫。於是，做父母的我們，要不就是為她找尋合適的鋼琴老師；要不就是為她搜羅寫作書籍，引導她申請部落格寫小說，當她的頭號讀者；再不就是為她買大量的圖畫紙、鉛筆和超大橡皮，只為了滿足她突然湧現的創作欲。

而弟弟喜歡觀察昆蟲、撈螃蟹捉蝦，於是我也只好頂著烈日，上山下海，陪著他扛著捕蝶、撈魚網，到處尋找山間野溪中的小生物；動不動還要陪他一起「欣賞」那在他眼中很「可愛」，在我眼中挺「可怕」的蠕動的雞母蟲、小青蛇……

現在許多兒童發展學者都一再強調，過早的知識灌輸其實不見得必要，孩子的創意，必須在玩耍遊戲與獨自探索的時候，才有機會發展。所以當父母親的，真的要練習「觀察與等待」，把學習的主導權還給孩子，不要涉入過多，讓孩子陷入無止境的趕場與上課之中。以讚美欣賞代替督促責罰，以協助引導代替強勢安排，你將會看到，菊仙家的小天才，也會出現在你家喔！

〔作者序〕

你的孩子，天生就有自己的學習魔法

彭菊仙

寒假回南部過年團聚，姑姑教孩子們玩德州撲克，從此，這個集鬥智、耍詐、心理戰術於一身的遊戲，成了我家三小子最愛的靜態休閒活動。週末一整個晚上，老大翔翔（國二將升國三）、老二凱凱（小六將升國一）、老三鈞鈞（小三將升小四），這三小子圍攏，在爾虞我詐的詭譎氛圍中談笑用兵大鬥法。

但我萬萬想不到，咱家手做小達人凱凱愛上此一遊戲的原因，不僅僅是在轉瞬間即能決定贏者全拿或是輸掉褲子的命運，更是那一整堆在起落間迅速挪移、令人眼花撩亂的彩色籌碼。

凱凱被一個個質感厚實、碰撞起來鏗鏗鏘鏘的籌碼迷得神魂顛倒，好比小時候我們迷上尪仔飄，手裡握著愈多，心裡愈是踏實與富足。

「馬麻，我想要蒐集更多籌碼！」

「那你得花自己的錢喔！」

「我不想買！」

「那你要……」

「我要自己做做看！而且我不要那種扁扁的紙做的籌碼！我要自己做真正的籌碼！」

首先，凱凱押著我跟水電行要了一截硬水管，然後像是切大腸一樣，鋸成一片又一片；再來，像是塞米糕一樣，他把一圈圈水管塞滿了紙黏土，再想辦法把一個一個像是cookie的「黏土餅」烘乾。然後從網路上找籌碼的圖案，列印之後密密地貼上。側邊也不馬虎，用各色貼紙量好之後，裁切貼上。

「什麼？這是你做的？我遠遠看以為是買的呀！鏘鏘鏘……好有重量感ㄝ！」

「還沒做完，我要做六百個！」

六年級的下學期，凱凱幾乎像是線上工人一樣，一片一片的捏塑、烘乾、黏貼！這應該是他小學畢業前，做過的最傻最癡最瘋狂的事情吧！

凱凱做到一半，發現黏土實在太貴了，於是開始蒐集自製黏土的方法，終於在美國的網站上找到一個童心未泯的老太太，運用過期的麵粉、鹽巴、碎的廢紙，以及一些我不知道的現成原料，教小朋友自製黏土。

為了製成黏土，凱凱聽著老太太的英文解說，一個步驟一個步驟的記下來，並認真執行，果真，製造了一坨又一坨的好用黏土。然後，凱凱又廢寢忘食的繼續他那快樂忘我、別人卻無從理解的冗長苦工！

期間，把拔和我都曾勸他，花費一整個學期做籌碼，恐怕不見得是明智的選擇，因為這期間，同學找他打球他不應，弟弟找他到生態公園他一點也不想去，我笑他：「你實在太『賈伯斯』了吧！」

凱凱卻回答：「**可是你不知道我有多快樂呀！**」

我又勸他：「你可別為了一棵樹而放掉了一大片森林啊！」

凱凱卻回答：「**這些籌碼目前就是我的森林呀！**」

接著，他告訴我：「馬麻，我學到很多啊，我知道怎麼自製黏土，也研究了怎麼做一個模子，然後做成大小厚薄一致的產品，而且，我也挑戰了自己的毅力！」

為文至此，凱凱已經完成了四百個籌碼，一切尚在進行式中。

我看著整齊一致的鮮豔籌碼，仍舊無法參透這孩子的奇特使命是何等地超凡偉大！但是，一個孩子願意忍受長達數個月的寂寞，我能理解的是，他一定有別人無從理解的「自我感動」！我最終無法不成全這個小怪咖啊！而且，明明確確擺在我眼前的畫面是：

數大便是美！數大便是偉大！

用這個插曲當自序，其實，是讓我自己再一次回溫孩子天生各自不凡的追求熱力。每一個孩子有他天生獨特而敏銳的天線，不斷掃描，力圖對準自己的追求目標。

看看這道看起來八竿子打不著關係的怪命題，到底有沒有解答呢？

Q：一項益智性競賽遊戲V.S.一個天生為享受手作之樂而生的孩子

A：怪題目碰到適合他的怪孩子，就會碰撞出怪驚人怪有趣的解答！

這本書從頭到尾就是想要和父母們分享：**每一個孩子，當然包括你的孩子，天生就熱愛學習，天生就對學習有自己的獨到想法，而且天生必定帶著自己的學習魔法來到世間。他們會想辦法展開自己的學習旅程，有個絕對積極正向的內在自我，引導他們踏上學習之旅。**

陪伴三個孩子這十五年來，我想說的是，這不是一個我要強迫行銷的空泛理論，而是一個亙古以來不會改變的事實；這不只是一個禁得起考驗的事實，而且是一趟連旁觀的大人也會拍案叫絕的奇妙學習學旅程。

這個旅程是孩子自己帶來，自己想要，自己摸索，自己踏步，自己衝鋒陷陣，自己擔任主角。

而抵達終點之後的豐碩果實也只能由孩子自己摘取，自己親嘗，自己消化，自己吸收，成為他自己生命的一部分。

邀請您，讓我們一起來對準自己孩子的學習本能，見識其偉大可貴的本能學習動機，親眼目睹他們主動積極又快樂無邊的走完一趟趟自我學習的旅程吧！

前言

目錄

放手觀察——找到孩子的亮點

目錄

父母都想知道的為什麼

為什麼我真心的讚美不會激勵出孩子具體的行動？

從心激勵

LESSON 4

目錄

出發之前

|請|先|認|識|你|的|小|小|探|險|家|

不得了，孩子天生就帶著神祕魔法！

孩子在每個特定的時期會主動發展一種特定的能力，或是對某個特定現象產生莫大的興趣。只要掌握孩子在依循著不同敏感期所產生強大的驅力，讓他們充分發展，就能獲得非常驚人的力量，也能達到極度優質的開發。

這真是太神奇了！為什麼七坐八爬九月長牙？

每當我快忘記孩子狂熱學習的本質、堅決的意志力時，我會把腦海中的畫面轉到孩子踏出第一步的當下。

我永遠記得，孩子每跌倒一次就會爬起來一次，跌倒了一百次就會爬起來一百次，小寶貝像一個小鬥士，始終專注認真，絕不被挫折擊倒。

「為什麼我永遠不會擔心寶貝們學不會走路？」

「為什麼我也從不憂慮他們在一次一次的跌倒中放棄學步？」

這些提問總會讓我想起：**孩子與生俱來、無可例外的，都具有自我鞭策、向上求好的本然天性。**

往後的歲月，我一再欣喜地遇見孩子頑強的向上本能。

兩個月大時，每當寶貝從飽滿的睡夢中甦醒，他們會毫不猶豫的撐起小脖子，用清徹無瑕的雙眼環顧四周。撐累了，小圓頭就自動趴下，但不一會兒，小圓頭又重新撐起。

趴下、撐起、趴下、撐起，寶貝像是接收到一個個中央指令，不厭其煩的鍛鍊自己的小頸項。

四個月大時，小寶貝又變身為一台機油飽滿的翻土機，不斷練習翻身。從床的中心翻到從床邊，翻到滾下了床還是鍥而不捨的繼續翻滾！

寶貝們給我的連連驚喜，一次比一次更精彩：七月學坐、八月學爬、九月站立……，初為人母的我在在目睹寶寶出於自主、操練自我的強大本能，於是，一個教養信念慢慢在我心中生根：

在每一個階段，寶貝都帶著天賜的堅決意志，依循成長藍圖中神祕的既定規劃，一步一步完成生命中自我成長的任務。

學走的寶貝一旦鬆開我的手，一雙小腳就再也停不下來，不住的自我練習，直到能自己走穩、走好，直到能跑跳自如。

他們的一小步，撐起我全然的相信與憧憬；同時，他們跌倒後愈發清亮的眼神，激發著我將母愛化為追尋孩子成長祕密的探索。

開啟「天眼」，看孩子的敏感期

後來，我終於在「蒙特梭利理論」中找到了答案，不僅研修「蒙特梭利居家教育」課程，更期盼把所思所學運用在自己三個孩子之上。

我首先最感激的是學到了「敏感期」這個觀念。

孩童在每一個特定的時期，便會主動發展一種特定的能力，或是對某一個特定現象產生莫大的興趣。人類的成長就是被這樣的力量所支配、引導，依循著不同時期的「敏感期」而自動產生強大的學習驅力。只要掌握到這股驅力，孩子都能獲得非常驚人的成長力量，也能達到極度優質的開發。

驚人自學力，無人能阻擋

我像是找到世界上最棒的寶藏，歡欣鼓舞地一路跟著孩子，滿心期待地與他們的「敏感期」相遇。

寶貝一兩歲時，總是伏在地上撿拾大人們忽略的小東西，一顆顆小種子、小石頭，在寶貝眼中都成了至寶。這是對「小東西」的敏感期，目的是學習探索環境，同時也自我訓練手眼協調。

三四歲時，他們的小耳朵總能輕易地捕捉到幾百公尺以外的細微聲響，分辨是救護車，還是消防車？這是「聽覺的敏感期」，他們自動學會分辨聲音的細微差別，甚至能輕易地學習不同語言。

四五歲時，寶貝喜歡指認各種汽車的logo：BMW、Volvo、Ford、Nissan……，如數家珍。這時，寶貝正處於「符號敏感期」，擁有自我訓練辨認與組織符號的能力。

五六歲時，招牌上的大字突然有了魔力，頻頻對孩子放電，他們指字問字，有邊念邊、無邊念中間。靠著自學，能神奇地辨認出很多國字。此刻的寶貝正處於「閱讀敏感期」，向著文明人類的溝通方式靠近。

我細細思量著每一個畫面，孩子的發展就如同浪濤，一波接一波湧至！回想每一個當下，我總在寶貝不斷進行的一場場自我學習中，捕捉到可愛又可敬的專注神情。

一歲寶寶的手指頭還不太靈活，卻非得把小東西撿起來不可，這對學步兒來說一點也不簡單，但他們卻願意反覆練習！如果計算寶貝撿拾小東西的次數，將會驚奇的發覺，大人們可能都會輸給孩子。

沒人能夠阻擋他們不斷的自我鍛鍊，學習如何運用手指，磨練鉅細靡遺的觀察力；更沒人能理解何以如此辛苦的練習，孩子的臉上卻綻放光彩？

這種自我追求的精神，是寶貝與生俱來的珍貴魔法，在寶貝每一次面臨自己抉擇的全新學習時，都能像學走路之時，爆發如排山倒海的巨大能量，非達目的不能干休！

錯過敏感期，就像漏針的毛線衣無法補救

在一路尾隨孩子的過程中，我也印證了一個有趣的現象，也就是：

孩子的每一個「敏感期」不僅時間很特定，而且錯過了就不會再回來。

比如，當他們學會走之後，就不會再爬行；認字之後，也不會再像一個小傻子，老是辨識各式各樣的汽車牌子。

每一次的敏感期都非常的強烈與集中，好像那一陣時期，寶貝的生命就只為那一件事情而創造，極度專情。我思忖：若是能善加把握每一個獨特的敏感期，孩子不就能把自己磨練得耳聰又目明嗎？

當孩子處在聲音的敏感期時，我就試著讓他們浸淫在英語的兒歌與故事中，果真，他們竟能用全副的能量吸收英文的特定語調、發音方法，輕鬆自在的感受到不同語法的結構。

蒙特梭利曾說：**「就像打毛線時漏掉了一針，錯過了『敏感期』，想要回頭彌補那一針，可是絕無可能！」**當我聽到這驚人的道理時，回過頭來看自己，才理解到為什麼我的英文發音總是土里土氣，而長大之後學講台語時老是舌頭打結？那股覺察聲音細微差異的「特異功能」畢竟就只有在幼兒的「聲音敏感期」發功啊！

我們常常會看到某些人動作笨拙、或不善交際、或沒有音感、或文字學習得很緩慢等，這都極有可能是在成長時漏掉了那「幾針」吧！

我自己錯過了「敏感期」是無可追補的，但對於自家寶貝的「敏感期」，我則像等著看一部連環圖畫一般，期待捕捉到每個「發光期」的綻放！這樣，我方能確認何時伸手、牽引他們、供給他們，讓他們順理成章的踏進先天已內建的學習路徑！

▼▼▼當我啟動「天眼」後，我用了全新的眼光來看待孩子：

當孩子一頭熱的辨認汽車logo時，他應該進入了辨識符號的敏感期。

當孩子堅持爸爸吃飯時一定要坐在固定的位置上、做事一定要按照固定的方法、東西一定擺在熟悉的地方時，他肯定正在經歷「秩序感」的敏感期。

當孩子的聽覺變得異常敏銳，像千里耳一般捕捉到各種細微的聲音時，他則處在聲音感官的敏感期。

他們每一個令人費解的怪怪舉動，對我都產生了新的、正向的、美好的意義。他們既不是怪胎，更不是奇才，我則清楚自己的教養工作是：好好的陪伴著孩子，深刻地去觀察、感受他們經歷各種敏感期的銳變與提昇！

關鍵前六年的「吸收性心智」，為自主學習奠基

零到三歲的孩子，有什麼就學什麼，無時無刻無意識在吸收著。
三到六歲的孩子，想什麼就問什麼，擁有無法抵擋的企圖心和求知慾。
為這些時期的孩子營造豐富有趣的學習環境，就能引導他們探索的方向與深度。
從七歲起，將引爆孩子各異其趣的深度自主學習旅程！

給正確的養分與環境，就能長成大樹

除了「敏感期」之外，「吸收性心智」這個新名詞也讓我印證了孩子如超人般的強大吸收學習力。

曾經，有一位在出生後就送給阿公阿嬤帶的朋友的寶貝，每次被接回台北就不時來一句國罵。媽媽聽了嚇壞了，趕緊跟長輩們溝通。但是阿公阿嬤卻辯解，帶孩子很辛苦，他們不可能教他罵髒話！

當然，阿公不可能刻意教孩子飆髒話，但是卻萬萬沒想到，六歲以下的孩子就

像一塊海綿，其所處的環境就像是液體，無論海綿浸潤在純水、髒水、黑水、白水中，最後可都會原汁原味的吸收，然後跟著變色、變味！

我也看過很多三歲的孩童，一開口就能背誦幾百首唐詩，口若懸河，毫不費力！其實，多數孩子都有這種神力，只要大人營造一個聽覺環境，讓孩子浸淫其中，孩子幾乎都能百分百吸收！

不論飆髒話、唸唐詩，都是孩子從環境中吸收資訊的天性，到底是口出惡言還是舌燦蓮花，孩子們是有口無心，他們是性能卓越的拷貝機，不由自主就能全盤翻印！

這讓我意識到「環境」與孩子成長不可分割的關係，孩子就是在環境中攫取養分，因此幫助孩子取得學習先機的要訣就是：**營造正向有力、豐富有趣的學習環境！**

這讓我聯想到孟母三遷的故事，三千多年前，孟母早就充分理解到「吸收性心智」的玄妙道理吧！於是，她處心積慮地選擇最良善優質的環境來改造孟子，因而拉拔出史上一代巨擘！

零到三歲的全然拷貝期

蒙特梭利所提出的「吸收性心智」只會發生在生命的前六年，此時，孩子深深受到所處環境的影響與塑造。這也是為什麼在戲班中長大的孩子會舞槍弄劍，分得清劉邦項羽關公劉備；音樂世家裡很容易出現音樂神童。而也只有六歲以下的孩子處在多語言環境中，能一口氣學上五六種語言，大人絕無此神力！

但是，我發現三歲以下的孩子非常特別，此時期，我的每個寶貝，對於環境的衝擊與刺激真是毫無招架之力。**環境裡有什麼，他就學什麼；他接觸的人物是什麼，他就像什麼。**

他們像一隻模仿力超強的小鸚鵡，傾全力的拷貝，但全然的無知。這種無意識的吸收能力，真如一刀兩刃——「浸」朱者赤，「浸」墨者黑。

毫無自主選擇權的小小孩要如何發展？當我理解到「無意識」的「吸收性心智」重大的影響力，就確認了非常重要的工作——**要為孩子接觸到的人事物把關，避免邪惡歪斜的元素不小心滲透到他們的生活中；要主動環繞以豐富有趣並且良善美好的環境！**

我也開始在牆壁上掛起一幅幅音韻優美的經典佳句，走過來、走過去，就指著大聲朗誦。孩子們小小的嘴巴有模有樣的就會複誦：「口說好話，心想好意，身行好事，腳走好路……」一小面牆壁，就是小嘴巴浸潤美好詞彙、小生命通往真善美的沐浴美池。

「吸收性心智理論」是教養孩子的「秘密武器」，因為，環境可由我提供，可由我創造，只要耍一點「心機」，不僅能塑造孩子的心性，還能讓孩子的學習一瀉千里！

三到六歲的自主發問期

但是，我發現寶貝們到了三四歲，有了一個很重大的變化，也就是不再傻傻笨笨地接收環境中的所有訊息！

他們會知道自己想要什麼，不想要什麼。對於不感興趣的事情，會大聲說NO！但對於環境中引他興致的部分，卻會展現無可阻擋的企圖心與求知慾。

此時，我天天都會接到孩子熱切的「為什麼？」、「怎麼做？」、「哪裡可以看到？」、「帶我去！」、「讓我看！」、「我還要看！」、「我還要去！」……孩子總是問個不停，問得我啞口無言，問得我頭皮發麻。

的確，如果孩子一直處在無意識的吸收狀態，那麼如何塑造出個人獨特的發展路線？**三歲到六歲的孩子隨著語言能力的增進，基本感官能力的發展，他們個人的意志便逐漸浮現。他們與生俱來的興趣、個人的學習速度，開始熱情地參與學習的抉擇，正好符合蒙特梭利所說的「有意識」的「吸收性心智」。**

此時的教養生活特別讓我興奮難耐，因為我真真確確體會到何謂「多享受了另一個童年」！依循著孩子好奇的眼光、大膽的步伐，我早已麻木不仁的耳目重新被開啟，對萬物的好奇心再度被點燃。我欣然擁抱孩子威力強勁的「打破砂鍋問到底」；也盡力排除無謂的擔憂，以免成為阻擋孩子探索的絆腳石。

我知道，孩子在一聲聲「這個不准碰！」、「那個不准玩！」的禁令下，他們天生帶來的禮物——吸收性心智，一定會因無處伸展而逐漸凋萎，終將呈現被動懶散、呆板無活力的樣貌！

七到十二歲的多元自主學習發光期

當孩子入小學時，我發現了更為有趣的發展，每個孩子都像忙碌的小行星，都有自發性忙不完的工作，享受於自己創造的學習領域中，每個孩子從不叫無聊，只會跟我喊時間不夠用。

老大忙著寫故事，老二運用各類媒材動手做模型，老三則是大自然的孩子，對動物著了迷。他們好像三條平行線，每個人都擁有別人無從理解、也無法參與的極樂世界，而對於自己無法自拔的喜好，也都自信奕奕的一路追求，非達完整的段落，則無法停止。

這種景況好像是學齡前「敏感期」發展模式的延伸——自發性、重複、勤奮而投入，直到完整經歷，有自我滿意的成果，才告結束。

我這才想通一個道理，**學齡前的「敏感期」發展是「自主學習」的根基，不僅鍛鍊了孩子的感官系統，讓他們建立好基本的操作與辨識能力，同時，更開發出孩子自我鍛鍊的自信與毅力**。孩子經過一次又一次「敏感期」的完整操練，似乎已為自主探索奠下雄厚而穩固的基礎。

而經過三到六歲「有意識」的「吸收性心智」熱場衝刺後，更逐漸凸顯出孩子的興趣差異與特定學習方向，循著天生不同的氣質、潛能與興趣，再配合七歲萌生的「文化敏感期」——對歷史、地理、人文、風土、自然、科學等強烈的求知慾，他們便各自展開了令人驚艷的自主學習旅程。

▼▼▼人生經驗豐富的父母，可能會因為太清楚人生的成功捷徑，很早就勒令孩子要亦步亦趨的按照他們的藍圖來發展，限制孩子在環境中自由選擇、自由探索、自由發展。

因之，不愛音樂的孩子被強迫苦練鋼琴；喜歡塗鴉的孩子被錯認在浪費生命；愛上益智遊戲的孩子被迫學習枯燥的珠心算，埋沒了天生靈活好用的金頭腦！

結果是，孩子從小就無緣體驗自己對環境的主動追求，無從了解自己的興趣所在，更無從經歷由自我的動力所牽引的一連串愉快而完整的精采學習。

最令人遺憾的是，孩子天生的潛能與稟賦可能就此埋葬，不見天日！

我們的腳步有多遠，孩子的眼界就有多寬

孩子需要有人帶領他到寬闊的世界裡，開拓新的眼界，尋覓能呼應他內在需要的成長元素，這樣，才能引爆他心中的「為什麼」、「怎麼做」。而父母的愛與陪伴，更能讓孩子產生踏上獨一無二學習旅程的勇氣。

父母的腳步，創造孩子的視野

學齡前的孩子，眼睛清徹、雙頰肥嫩、小手柔軟，渾然天成的「萌」，誰能抗拒？而此時期的孩子對我們的愛，可是更真、更純、更濃。

孩子愛我們，沒有任何的原因，也不會抱著目的性，就單單因為我們是他的爸爸或媽媽，憑著這一點，他就能真心對我們好，全然依賴我們的呵護，信任我們的帶領。

在孩子的整個發展過程中，只有在這個時期，他們會深深的黏我們、聽我們、

挺我們、相信我們、跟從我們！

在對孩子的早期教育中，這真是最珍貴、最好用的特質。因為，只要我們願意上高山，孩子就會跟著上高山；我們願意下大海，孩子也會跟到大海。所以，**我們的腳步，創造了孩子的視野；我們的身影，就是孩子的標的。**

只要父母願意踏出腳步，孩子就能拓展視野。而父母的腳步有多遠，孩子的眼界就有多寬！

孩子的好奇心蠢蠢欲動，我們得提供各種引爆的可能。只要不斷給孩子新的眼界，他們就會湧出源源不絕的好奇心。

在孩子心靈一片純淨的年幼時，帶他走出戶外爬山、看海、看動物、看花草、看大自然的奧秘變化。

處在各種「敏感期」中激盪翻轉的孩子，需要有人帶領他到寬闊的世界裡，才能尋覓到呼應其內在需要的成長元素。

在孩子尚未發展強烈主觀意識之前，帶領他擴大生活體驗，讓他多看、多聽、多觸摸、多感受，有機會運用自己雙手與肌肉，親眼觀察各種事物的結構與運作。這樣，才能引爆孩子自己的「為什麼？」、「怎麼做？」，然後才可能牽引出他自己想要、獨一無二的學習旅程。

父母的愛，能支持孩子勇敢向前衝

探險家首先要具備的就是「好奇心」，這驅使人想一探究竟。但只擁有好奇心卻未必能讓人踏上探險的旅程，為什麼？

因為有些人缺乏勇氣，顧慮太多，以至於始終在原地踏步，無法成行。

每個孩子與生俱來都有強烈的好奇心，比起大人更有衝勁，他們有問不完的為什麼，興趣盎然地觀察萬物的運作，但，卻不是每個孩子都能鍥而不捨地探究到底。

為什麼呢？同樣的，關鍵也在於勇氣。

同樣都迷上甲蟲的兩個孩子，可能每天都閱讀甲蟲的書，也都想親自飼養甲蟲。

其中一個孩子對父母死纏爛打，非得養一隻看看，於是用各種好的表現換到了一隻甲蟲。然後，在實地的飼養經驗中，他看到了更多的現象，激盪出更多的想法，於是又產生了新的問題。

此時，勤奮的父母注意到了，於是，進一步帶領這個孩子閱讀書籍，找尋答案，而孩子也因為燃起更強烈的興趣，央求父母帶他到大自然裡實地觀察。

於是，這個孩子從產生好奇心，到閱讀書籍，到實地飼養，產生新的疑問，再進一步深度閱讀，然後徜徉在大自然裡探究，從而更全面的認識了昆蟲生態。他經歷了一趟關於昆蟲的完整學習旅程。

然而，另一個孩子，雖然也喜歡甲蟲，但卻始終沒有勇氣親自飼養，因為他想到可能沒有辦法照顧好甲蟲、會出現各樣難題，最終作罷。

他缺乏親身飼養昆蟲的經驗，也就失去激發新問題的機緣。於是，他對甲蟲的好奇心就此打住，也沒有激發更強烈的探索欲望，學習的旅程只踏出了一小步。

兩個同樣好奇的孩子，最後卻是不同的學習命運。

為什麼有的孩子有勇氣，能執著到底；有的孩子卻沒有勇氣，輕易放棄？

除了沒有辦法掌控的「天性氣質」，我們可不可能運用後天的方法，讓孩子生出膽識，勇往前行？

有！孩子的勇氣不僅是父母能夠影響的，而且還操之在父母的手裡！

心理學早已證實，在孩子的學習旅程中，父母能給予他們一股最關鍵的力量——無條件的愛：

無條件的愛使人有依附感、充滿希望，心中產生安全感，於是能毫無畏懼的勇

往前行！

每個孩子遇到自己喜愛的事物時，都曾在心裡都吶喊：I want do it! I want try it!

但誰能進一步地繼續大喊：I can do it! 然後，放膽去做？

答案是：在心裡擁有深厚的愛的連結的孩子！

▼▼▼ 在探索的旅程中，孩子若能清楚知道背後永遠有著溫暖有力的情感後盾，就能夠感到安心、篤定，而能把好奇心化為具體的行動，樂觀前行。

正是因為你給孩子持續的愛、陪伴、支持與鼓舞，才締造出能抓緊目標、相信自己、踏出步伐、執著到底的孩子！

父母的愛，能讓孩子勇往直前！

在孩子的整個學習旅程中，父母能給予他們的最關鍵力量，就是無條件的愛。你給孩子持續的愛、陪伴、支持與鼓舞，能讓孩子產生踏上獨一無二學習旅程的勇氣。

為什麼我家孩子忙到沒有時間做自己想做的事情？

在孩子忙完課業之後，若有機緣體驗到「做自己真正想做的事情」的無上樂趣，而且做出具體的成果，一定會形成一種良性循環——因為太渴望享受自我追尋的時光，而會主動督促自己要更有效率的完成分內的工作。

但是，如果孩子忙完任務，等待他們的，仍舊是他們心不甘情不願的補習課程或是不感興趣的活動，孩子絕對不會主動感受到「有效運用時間」的重要性。

年幼的孩子很容易只看到自己想做的事情，或者擔心寫完功課之後，自由的時光已所剩無幾，於是不管三七二十一，直接先把功課丟在一邊，做自己想做的事情，或是先大玩特玩，久而久之，學習態度變得被動，生活秩序也很紊亂。

因此，我們要幫助孩子建立規律的生活作息，跟著他們一起估算做各類功課、練習才藝、用餐、做家事的時間。更重要的是，讓他們明確體驗到，當他們完成各種責任之後，保證會有一段供他們自行運用、不受任何安排的大好時光。

當抓到一個基本的生活節奏之後，一定要把固定的生活作息寫下來，然後協助他們確實地按表操課，讓他們徹底建立起「要享權利，先盡責任」的習慣。

如果放任孩子「先享權利，後盡責任」，那麼沒有半個孩子會覺得珍惜時間很重要，更永遠學不會有效的規劃與運用時間。

從家啟動

|讓|孩|子|和|環|境|談|戀|愛|

對環境好奇探索，就像呼吸一樣自然

「環境」處處潛藏著令孩子神往的無窮魅力，
他們忙碌地或看或聽或聞，
因著自己的多元智能，熱切主動地找到自己喜愛的探索主題，
所以沒有一個孩子會喊無聊，會覺得人生沒意思。

零到六歲孩子的感官系統就像是一部智慧型手機，如果不常去隨便亂按一下、隨便嘗試一下，一部功能包羅萬象的手機也稱不上智慧。

此時期的孩子對自己既新穎又奇妙的感覺器官、運動器官與大腦功能躍躍欲試，**特別是三到六歲的孩子，將前三年無意識吸收的大量印象加以整理、歸納之後，他們的視覺、聽覺、觸覺、嗅覺早已異常敏銳。**

你還記得嗎？三歲開始，孩子可是很有想法的，因著敏感期的到來，或者因為自己與生俱來的智能與興趣，他們可不再是傻傻的被動吸收資訊，而是明顯的展現

出別致有趣的個人喜好路線。

因此，被初步磨練過的感官功能剛好派上用場，幫助他們朝著自己的方向一路探索。

就像一部新手機，你之所以能開發出很多新功能，也能很熟練地使用它們，就是因為沒事就玩它個兩下，出奇不意地就被你找到一個新功能，如果你覺得這個功能正合你的需求，你便會反覆的操作，常常的使用，直到成為一種習慣。

三到六歲的孩子對他們的全身感官裝備也是一樣，此時期可說是「感官全盛時期」，他們隨時隨地都想在環境中尋找目標，以便能看一下、聽一下、摸一下、聞一下，試試看自己的能耐。自然而然地，比起任何時期，此時期的孩子對「環境」有著最強大的探索動力，幾乎是無可阻擋地把所接觸到的「環境」一網打盡，地毯式搜尋，以便找到各種素材來滿足感官需要的經驗，特別是對準自己與生俱來的特質與興趣，孩子會展開非常明顯的探索行動。

對大自然奧秘特別有興趣的孩子會沿路摸摸看大小石頭粗糙的表面、享受分辨不同岩石的樂趣。

喜歡生態的孩子自然而然就湊到花朵前分辨花香的氣味、輕而易舉的就記住花朵裡每一個細小結構的名稱。

喜歡音樂的孩子，喜愛聆聽各種聲音、各種音樂，能不由自主的就隨著節奏快樂起舞。

我們會看到此時期的每一個孩子，因著自己天生的多元智能，非常熱切主動地在環境中找到喜愛的學習探索主題。

孩子只要是醒著，就會在所處的環境裡東翻西找，和環境裡潛藏的各種元素交纏著、黏膩著、連結著、激盪著，「環境」處處潛藏著令孩子神往的無窮魅力，引得他們無可自拔的追逐，也引出他們的趣味、情意、動機、目的感，所以沒有一個孩子會喊無聊，會覺得人生沒意思。

只要能被允許充分地使用各種感官，每一個孩子都顯得異常忙碌，好像大老闆一樣不能停下來休息，但他們可比大老闆更厲害，因為大老闆的忙碌可能是迫於無奈，身不由己；孩子可不一樣，他們是出於自願，享受其中。

當孩子在環境中與打動他們的元素相遇時，好比天雷勾動地火，飛蛾撲火，必定無可自拔的陷溺其中，彷彿要談一場轟轟烈烈的戀愛。

沒錯！蒙特梭利的註解超讚的：「孩子是在和環境談戀愛！」

沒有環境，孩子沒有探索行動；豐富的環境，開發出孩子更多樣性的探索；更多樣的探索，孩子的潛能被更充分開發；不斷營造充滿深刻訊息的環境，能引得孩

子無止境地的一路探索，無可限量！

簡單來說，我們必須為孩子打造一個豐富的環境，為他們預備好提升其身心靈的理想場域。

現在，就讓我們來看看你為孩子所準備的第一個探索環境——家。

▼▼▼ 當我理解到「環境」對孩子有如此關鍵的影響力之時，就實在難以接受照顧者基於忙碌或安全的理由，把孩子綁在椅子上，或把他們困在單調的娃娃車裡。

在我看來，把孩子侷限在一個無趣的狹小空間裡，對他們靈魂戕害的嚴重程度，絕不亞於對其身體的虐待啊！

全心全意地愛你的孩子，絕不只是給他溫暖給他愛、顧及他的安全、讓他吃飽睡好，更要在「環境」中提供其飢渴靈魂各式各樣可以追求的養分。

家，要跟孩子一起分享

窗明几淨，擺飾著各種古玩藝品，用高級餐具享受美食，
這些都不是孩子最需要的，也不會是他們最想要的。
如果他們處在豪宅中卻動彈不得，
那這個家對他們而言，就是一貧如洗！

從孩子的角度來思考家的設計

孩子雖然不會動手布置家園，但是別忘了，他也是家庭的一個重要分子，他們也有他們的需求與喜好，特別是，**孩子所有的需求與生活樂趣幾乎與大人背道而馳。**

大人需要休息，孩子卻動個不停；大人討厭吵雜，孩子卻在嬉鬧中度日；大人喜歡井井有條，視覺上追求簡明清爽，孩子卻希望家裡擺滿各式各樣有用無用的小東西大物品，多多益善。

大人喜歡窗明几淨，最好像博物館一樣，有著晶亮的高級玻璃櫃，展示著各種華貴高尚但卻不能觸摸的古董藝品；孩子卻希望家裡面每一個抽屜、每一個櫃子、每一件物品都能讓他們隨便翻一翻、摸一摸、玩一玩！

大人喜歡坐下來安靜地看看電視、上上網；孩子卻不能控制地到處亂跑，在客廳打彈珠、在臥房打架、在廚房敲敲打打、在廁所把玩瓶瓶罐罐，弄得一地都是水。

有人覺得孩子麻煩，正是因為孩子又吵又鬧又髒又亂，大部分時間都像是恐怖份子搞破壞！

所以有不少厭煩的大人最後只好用第一〇一招——高高的站起，以成人高大的身軀威嚇孩子：「不准翻」、「不准跳」、「不准玩」、「不准畫」、「不准拿」、「不准敲」、「不准動」……

這些原本應該「和環境談戀愛」的孩子最後只能壓抑自我，跟著大人看電視打電腦，錯過了應該充分伸展的敏感期，也荒廢了嶄新敏銳的感官系統。更重要的是，這些孩子失去主動追求的動力，內心很不快樂！

孩子的「自由探索」與「規範紀律」從來不衝突，只要我們打從一開始就有好的規劃與設計！但是孩子的被動呆滯絕對是起因於貧乏無趣的環境，這一點，你可責無旁貸！

窗明几淨、擺飾著各種古玩藝品、超大高畫質電視、數位產品、用高級餐具享受美食，這些都不是孩子最需要的，也不會是他們最想要的。

如果他們處在豪宅中卻動彈不得，那這個家對他們而言，就是一貧如洗！

在客廳打造一個「孩子角落」

客廳，英文是living room，也就是起居生活的房間，只是，我們只會想到大人的起居需要，坐下來、看看電視、看看書、聊聊天、喝喝咖啡。

但是請你的腦筋一定要轉一下，因為你的寶貝真的跟你不一樣，他即使想聊天，也不會想坐著一動也不動的聊天！

他也不會總只想到看電視，如果真是如此，是因為大人讓他除了看電視之外沒有別的事情可做！孩子更不覺得坐下來享受一杯現煮咖啡有什麼大不了的愜意！

於是，你可能會驚訝於孩子為什麼老玩遙控器？為什麼老把窗戶開開關關？為什麼這麼頑劣地把椅子搬來搬去排來排去？把廚房的大鍋小鍋搬到客廳，把沙發枕一個一個丟得亂七八糟！

如同前面所提過的：孩子是和「環境」談戀愛！環境裡的每一個物品對孩子而言都散發著無窮的魅力，吸引著他們一探究竟，**特別是他們看著大人天天使用的複**

雜物品，可比各種玩具都好玩。

對他們而言，那些東西都不叫做工具，而是琢磨他們感官系統與啟動智能的寶物；而孩子看待每一種物品絕不會照著世人所訂下的定義。

因此，遙控器不只是遙控器，而是一種有著各種複雜因果關係的玩具；椅子不只是椅子，而是可以排列成一長列火車的大型積木；枕頭也不是枕頭，而是一個一個溫暖幸福的娃娃床。

我家小么子鈞鈞在四歲時迷上火車，客廳飯廳裡的椅子天天都被他搬出來，然後排成一長列，他坐在第一張椅子自得其樂地充當火車司機，然後將一個個玩偶放在一張張椅子上當乘客，而媽媽我當然也必須扮演其中的一位乘客，跟他演出一幕幕驚心動魄的奇幻旅程。

他就這樣，雖在定點馳騁，心神卻早已環遊大半個世界，一玩也就是大半個下午。

周末悠閒的午後，三小子把椅子桌子小板凳通通搬到客廳，有的橫倒、有的疊起來，然後把儲藏室裡的各種桌布椅墊都拿出來，搭在桌子椅子間的空洞上，布置出一個神祕而機關重重的秘密基地，然後三人在此聚集密會，對付空氣中難纏的假想敵！

是的，這是孩子對「起居室」的真正需要與定義！

在孩子還需要遊戲的階段，在孩子無所拘束地看待每一樣物品時，父母必須有一些寬容度。

喜歡節奏的孩子，一定會把鍋碗瓢盆搬出來盡情忘我的亂打一番，儼然自認是一代鼓王。對這樣的孩子，你應該感到欣喜，騰出一些敲不壞的鍋子，找到適當的時間點，讓他們自由發揮。

把客廳各種物件都當成大型積木隨意拼湊的孩子，在不破壞家具的狀況下，讓他隨著天馬行空的想像力建造偉大的建築物吧！

對喜愛把玩遙控器的孩子，請你在每一次開關電視、選台轉台、放映影片時，邀請他貢獻智慧與巧手！

喜歡在窗台前觀賞戶外景觀、看花賞鳥的孩子，在窗台種幾盆小花小草讓他親近與觀察，他的洞察能力將令人不可置信！

除此之外，請不要忘記，**在客廳的一處，布設一個孩子的遊戲角落**，因為，孩子並不喜歡老坐在沙發上跟你喝茶聊天，但是此時期的孩子卻喜歡黏著爸爸媽媽。因此，**客廳的「孩子角落」，既能讓他們享受父母帶來的安全感，又能無拘無束地從事自己喜愛的活動。**

更重要的是，孩子在這裡能看著大人們的對話與互動。老是把孩子和大人隔開，孩子又如何和大人學習？

客廳的「孩子角落」，好像一個活動式的樂園，讓孩子把他近期喜愛的玩具、積木、物品、玩偶、書籍都放過來，這裡最好擺放小桌子小椅子，上面有紙和筆，讓他們隨心所欲的發想與塗鴉！

爸爸媽媽更不要忘記，孩子和大人的空間地位都是同等重要的，孩子願意坐在大人的沙發上跟你親親抱抱互動聊天，你是否也同樣願意進入他們的角落，成為他們的遊戲夥伴？

別忘了，**不只在硬體環境中要把孩子的生活納入家庭中，你的心也要真正進入孩子的世界！進入「孩子角落」**，跟他坐在地板上，一起玩家家酒，玩角色扮演，一起絞盡腦汁組裝積木，參與他的想像與創作。

孩子是家庭的一份子，他們的「客廳角落」和大人的沙發茶几一樣重要，他會希望他的角落裡也有爸爸媽媽的足跡，而且很有可能的是，將來他們對你的懷想，就是從這小小的空間開始的！

浴室就是玩水天堂

對孩子而言，浴室是家裡最有吸引力的地方，因為只要是孩子，對於「水」無形無體的奇妙特質，都毫無招架之力，舀水、倒水、噴水、澆水、打水，絕無玩膩之時！

優雅嫻靜的泡澡是大人的享受方式，但絕對不會是孩子的選擇；相反的，你必須理解，**在浴室把水搞得天翻地覆才是孩子的必然本性！**

孩子在浴池裡感受水的浮力、衝力，漂浮在水上的奇妙觸覺，藉著各種玩水的動作，還可以鍛鍊自己的小肌肉。因此，在溫暖的季節裡，在浴室裡放水槍、澆花器、瓶瓶罐罐，允許孩子藉由各種「水的遊戲」、「水的實驗」來了解液體的特性。

如果還有空間，乾脆在庭院裡放一個充氣式的小泳池！說實在，夏天帶孩子，父母拜水之賜，是可以偷個小懶的呢！

三小子還小時，我喜歡在夏天時把他們丟到浴缸裡，孩子一玩水，就玩到天荒地老，而我，則是高枕無憂的抓住片刻自我放逐的時光！

我家的開架式遊戲工作房

咱家三小子從學步兒開始，養成了一個很令我欣慰的習慣，也就是一起床，就會鑽到我為他們準備的遊戲工作房，直到今天，這個習慣仍然沒有改變，一回到家，小子們一溜煙的就鑽到這個小天地裡，做自己喜歡的事情。

這個遊戲房有適合他們高度與寬度的桌子與椅子，桌上總放著各式各樣的彩色鉛筆與彩色筆，開放式的櫃子上還固定擺著一大疊我定期補充的回收紙。

有一天，我做了一件非常瘋狂的事情，一件連老公都不太能諒解的事情。

在搬進這個家之前，我還沒有孩子，為了整齊美觀，老公和我決定把每一個房間的櫃子都加上門，因為只要把櫃子的每一扇小門蓋上，整個房間立即井然有序，也不用特別去留意櫃子裡的物品是否排列整齊。

但是，當我的寶貝孩子一個個出生，我卻發現孩子在環境中探索的兩個重要特性。

第一，無論如何，我永遠擋不了他們如惡虎撲羊的強烈探索慾望。被蓋上門的櫃子對孩子而言，更散發著誘人的神秘魅力，當孩子玩膩了房間裡的所有玩具時，稍不留意，他們便處心積慮地想解開每個櫃子門後的秘密，於是，每個櫃子裡固定收好的東西總是被翻得亂七八糟。

但是在一陣翻箱倒櫃之後，孩子們總能找到一兩樣他們感興趣的東西或物品，然後就聚精會神地把玩或研究起來。

第二，孩子是「眼睛看到才能想到，想到才會有行動」，跟大人們必須「先去設想藍圖，再去尋找素材來執行」是截然不同的。

比如說，有一次，咱家老二凱凱在櫃子裡翻到了一個小蓋子，又翻到了小紙盒以及幾張硬紙板，當時迷上蒸汽火車的他，就利用瓶蓋當火車煙囪，再用小紙盒和硬紙板拼黏出一個維妙維肖的蒸汽火車。若不是與這些小東西巧遇，凱凱的腦海裡是無法建構出這個立體造型的。

我這才領悟到，孩子像是一支射出去的箭，總是勇往直前地在環境裡探索，**每一種物品雖然都有名字，但孩子絕不會只看到它們單一的用途與特性，他會用全新的角度來看待它們，有時它們會變成令人意想不到的新穎玩具，有時則被當成創作的零組件，稀奇古怪的材料與用品能夠勾起孩子不受限制的聯想力，於是他們「靈感」就產生了！**

於是，我拿出螺絲起子，趁孩子熟睡時，立即把遊戲房裡每個櫃子的小門一一

拆解下來。

老公一回到家完全傻眼，我則苦口婆心的解釋：「**一個開架式的櫃子對孩子大有幫助！**」

我把每一層櫃子做了妥善的規劃，有些置放他們喜愛的玩具，有些則放他們喜愛的書。另外，也放了他們常常用到的勞作材料，如膠帶、剪刀、造型剪刀、膠水、亮光膠帶、硬紙板、彩色紙、黏土……

果真，三小子只要空閒，就很自然地往這個房間裡鑽，每當我忙著煮菜、忙著幫弟弟洗澡時，**這個雜物橫陳的小房間就成了孩子最豐富有趣的保母，供應應有盡有的創作工具與元素**，孩子們既不喊無聊，也不會急著扭開電視，而是放鬆自在地在這個房間裡找樂子！

漸漸地，連鄰居孩子也喜歡待在這個房間裡，因為，他們總能找到自己能投入的有趣活動。寒暑假時，總有幾個孩子自動來按鈴，窩在我們家這個房間裡，開心的玩耍、專注的工作！

▼▼▼想想，你家所有的設計與規劃，是站在大人的角度，還是站在孩子的角度來著眼？在你的內心深處是否害怕家裡一片凌亂，牆壁髒汙，地板損毀？

顧及孩子探索環境的重大需求，不代表一定要犧牲家庭的美觀與整齊，而是更周到的規劃，把孩子的探索需求放進來，讓他們覺得這個家不但溫暖有愛，而且好玩有趣；讓孩子自由自在地活動，不代表要犧牲家庭應有的規矩與紀律，而是想出策略幫助孩子養成良好的習慣，懂得分辨每個房間的功能與規範，又能放鬆自在地在家裡面做真正的自己。

空間不受限，創意就越自由

孩子的需要與發展，總有蛛絲馬跡可尋，
我們要為他們預備什麼，只要細心觀察，很容易就能找到線索。
一個豐富而開放的探索環境，
將成為他們發現潛力、自由創作的所在。

不「蒙式」，也能玩出很多可能性

其實，我的概念跟蒙特梭利理論是一致的，也就是儘可能地為孩子預備一個豐富而開放的探索環境，允許孩子在這個空間裡搜尋他們自己需要、以及想要的元素與物件。

然而，當我去參觀蒙特梭利的教室之後，我才發現，雖然我為孩子設想一個多采多姿的環境，也允許孩子選擇自己想要做的事情，但是，比起蒙特梭利教室裡各種訓練功能明確而固定的教具，我們遊戲房裡的東西卻七七八八的，完全稱不上教具，每一種東西也沒有固定的玩法與操作步驟，孩子完全不受限制地用自己的想法來開發新玩法。

比如說，我準備了大小不同的瓶子與瓶蓋，在蒙式的操作中，這套教具是讓孩子學習把瓶身和瓶蓋配對，然後再訓練自己手指頭的扭轉力量，將瓶蓋打開、轉上。

操作之前，老師會緩慢地、安靜地示範整個操作步驟給孩子們看，然後孩子就會按照固定的步驟做出來，等到操作到熟練也心滿意足，孩子會很規矩地把這套教具（蒙式稱作「工作」）放回架上。

但是在咱家裡這個自由自在的空間裡，孩子絕不可能只按照一定的步驟來操作，也絕對不會只做配對、旋轉開瓶、關瓶這幾個動作。

玩膩了配對、扭開關上瓶蓋的操作步驟之後，孩子就把小彈珠、小球球丟進每一個瓶子裡，每丟一次，就發出「咚」的一聲，讓他們興奮不已，這聲音引著他們將小彈珠、小球一個一個的丟進去。

「咚、咚、咚」的聲音此起彼落，最後乾脆把瓶子拿起來搖晃，孩子就被清脆的碰撞聲吸引住，不斷的搖來晃去之後，又發現按著一定的節奏來搖晃更好聽，於是，就專心的揣摩著各種節奏的組合，陶醉在節奏裡的孩子，臉上既專注又喜悅，散發著光芒。

我看著孩子這一連串自然產生的探索動作，心裡不禁發出疑問：到底是要堅持按照蒙式的固定模式來操作教具，還是放任孩子隨自己的探索之心來把玩？

當孩子興奮地跑到我的跟前，要我欣賞他變奏出來的每一種不同的節奏時，我立刻想通了：**管它蒙式不蒙式！**

我分明看到孩子出於自然的從旋開瓶子、放彈珠、搖晃瓶身，到開心創作出快慢不同的有趣節奏，這一整串的動作，不就是探索？不就是學習？不就是孩子發現節奏、創作節奏、享受節奏的最佳模式嗎？

從此，**我決定暫時先忘記蒙式的固定教具與其不變的操作步驟，我雖以蒙式的理論作為觀察孩子的基礎，但絕不拘泥孩子每一種自我探索的可能。**

這個不受限於各種教育理論的遊戲房成為孩子的生活重心，即使又小又紛陳，但它是孩子創意的泉源、探索的起點、思想被啟迪的寶庫，它散發著無窮無盡的誘因，讓孩子墜入無可自拔的自我學習，不僅找到自己的潛力所在，也塑造出自我的獨具特質。

所有玩具關在一個大箱子？錯啦！

在我為孩子準備一個充滿探索物件的開放式遊戲房之前，為了節省空間，也為了居家環境的美觀，我準備了兩只大箱子，把所有的玩具都扔進這兩只大箱子裡。

學步兒的孩子睡醒之後，就把這兩個大箱子打開，然後把一件一件的玩具都翻出來，翻到什麼就玩什麼，如果沒什麼看頭，翻完了也就玩完了，接下去，一整個房間一地上全是亂七八糟、毫不相干的玩具，甚至翻久了，不是機器人的手臂斷了、螃蟹的腳少了，就是電動玩具的聲響消失、機械故障。

孩子看這一地的玩具，眼花撩亂，也不知道該玩哪一項，於是一溜煙的就跑走了，留下一地的混亂。

接著，我就惱火，把學步兒抓來跟著我一起收拾。

一天又一天，孩子原本天天都會來翻一遍箱子，時間久了，這兩只箱子大概也被翻膩了，最後索性連翻都懶得翻了！

我這才覺悟到，**一整箱的玩具混在一個大箱子裡，完全沒有辦法凸顯每一個玩具的特色，也沒辦法讓孩子有聚焦的可能，箱子一被打開，就像有一堆繽紛雜亂的訊息跳到眼前，孩子是什麼都看到了，但也什麼都沒看到**。

等到箱子一關上，孩子什麼都看不到，當然，什麼都忘得一乾二淨，所以一整箱的玩具幾乎也沒來得及深入把玩，就一個一個壓壞、破掉、舊掉了！

這是一個擺放玩具的最差方式，如果你剛巧也是用這個方式來收納孩子的玩具，我直接跟你預測孩子的發展吧：**他們的探索力只會停留在把箱子打開、然後翻得一團亂的階段，不會有進步！**

請準備開架式的櫃子，把每一樣孩子喜愛的玩具、用具、小物品像是商品一樣，清楚、分開、慎重地展示在櫃子上，這樣，孩子才有辦法聚焦，才能進行思考與選擇，而才有深入探索的可能性。

櫥櫃要像百貨公司櫥窗，定期更換擺設

開架上的玩具物品不是一成不變的，也不是隨意放放。貼近的陪伴與引導，爸爸媽媽絕對會清楚孩子最近對什麼特別感興趣，最近可能會需要什麼。

我們的工作其實一點也不難，就是要**學習百貨公司的櫥窗設計，針對孩子的胃口，定期更換物品，當孩子操作一樣物品顯得有點膩了、幾乎不碰了，那麼，就把它下架吧！你就像一個要討顧客歡喜的店員，要抓準孩子的喜好，同時，要預測他們可能的需要。**

有一陣子，三兄弟都喜歡火車，我就把高速火車圖鑑放在架上，又印了很多世界各國的火車，釘成一本，放在架子上，結果，令人驚喜的發展果然出現。

小子們一進來，就被火車圖片吸引，緊接著，就去拿紙、拿筆開始照著描摹，

這一畫，就畫了三、四個月的火車，最後，這些圖鑑也被甩開，因為孩子早把火車的影像深深植入心中，開始創作自己發明的各種火車。

孩子的需要與發展，並不會空穴來風，總有蛛絲馬跡，我們要為他們預備什麼，只要細心觀察，很容易就找到線索。

透過巧手，垃圾也能變成寶

除了我為他們定期更換架上的玩具物品之外，我發現，孩子自己會保留很多小盒子、衛生紙卷軸、小瓶子……，沒多久，這些垃圾在他們早已養成的創作習慣中，一個個都變成別具風格的創作！

咱家手做小達人凱凱把一個寶特瓶做成了瓶中船、把樹枝變成彈弓，而鈞鈞也有樣學樣，免洗筷一支一支都變成了竹槍、十字弓。

於是，除了原來的開架，我又在這個房間放了兩大只箱子，只要是他們覺得有用處的東西，就回收進來，於是乎，這個紛雜的房間更擠更亂了，然而，他們的創作力也更加豐沛了！

化腐朽為神奇，**孩子從我為他們準備材料的這一階段躍升了一大步，開始自己為自己準備材料，自己思考自己的需求。隨著心智的成長，他們慢慢能像大人一**

樣，能預設自己的需要，而常常因自己規劃好的藍圖向我提出需求。

我的角色也從一個主動供應者變成接受申請者，這改變，顯示了孩子能力的大提升。

「混亂」是創作的必要之惡

孩子在全心全意發想、創作、操作之時，一定不會把心思放在維持環境的整潔之上，這是很合理的，你看看哪一個創作家、藝術家、科學家，在全然專注忘我時，還會一邊收拾一邊工作？

孩子投注在一件事情之上時，整個心思意念就在這件事情上，如果一定要限制他不准把環境弄得混亂，無疑的是給他綁手綁腳的束縛，那麼他如何到達極度的專注？

我們要做的不是在過程中嫌他髒亂，而是在整個過程完成之後，教導、示範、要求孩子把環境還原回來，並且訂定家規作為懲處。

孩子喜愛的活動幾乎都具破壞力與污染力。所以，在孩子幼小時，我便準備了畫畫勞作時需要的圍兜圍裙；捏塑黏土時，則準備了塑膠墊布；在孩子工作過程中，往往製造一堆碎屑，很難清理，我則在櫃子上掛了兩把小掃把，讓他們養成工

作後清掃桌面與地面的習慣。

這些配備雖不是創作所需，卻是創作之後畫下完美句點的必需品，要記得準備喔！

▼▼▼我在遊戲房的一面牆上訂做了一大半面的磁性白板，有時候孩子閒來無事就隨意的在其上塗鴉，有時想創作什麼，就把自己的構思畫上去、寫下來，我在在從上面的隨意筆記與塗鴉中看到孩子思考的脈絡與邏輯，這面牆確實好用，輕而易舉的幫助孩子即時記錄、整理想法。

另一方面，每當孩子有好的畫作或是平面作品，或是得到獎狀，我都會先放在這個磁性白板上展示。孩子看到，不用我贅言，他們就感受到我的讚嘆、支持，並引以為傲，因而更加肯定自己的價值，孩子們各個都很有自信，我想這一面白板著實發揮強大的肯定力！

創作，就是要放給它亂啦！

父母要能允許孩子在專注投入發想、創作、操作的過程中，無須受限於需保持環境乾淨整潔的約束。因為，暫時容忍家中的混亂，是開發孩子創作力的必要投資。

為什麼另一半不能諒解孩子創作過程中不可避免的混亂？

為了避免愛乾淨的另一半生氣，不少爸爸媽媽乾脆禁止孩子把家裡當成天馬行空的創作園地，直接把孩子帶去美術班或是手作班。當然，這不失為一個滿足創作型孩子的方法，只不過，市面上很多手作班或是美術班都要求孩子按照他們既定的創作模式，或者提供人人相同的媒材，並不能完全吻合孩子內心的創作想望，更無法開發孩子獨一無二的原創力。

另一半之所以唱反調，是因為還沒有感受到孩子內心強烈的創作需要，所以無法同理與諒解，他們需要經由一個個具體的創作品來接近孩子珍貴的獨創力。因此，要取得另一半的諒解，我們一定扮演強力的行銷角色，抓緊機會讓另一半看到孩子動人的專心執著，點出孩子作品中不可多得的匠心獨具，一點一滴打動他們，使其應允開放一個空間讓孩子盡情揮灑，並且能體認到「犧牲一定程度的整潔乾淨」是開發孩子創作力的「必要投資」。

另一方面，我們也必須訂定適當的家規，讓孩子擔起「定期還原空間原貌」的責任，讓焦慮的另一半有機會看到家裡整齊乾淨的時刻，而不是永無止盡的髒亂下去。

比如，小規模的創作，在創作完畢即要求孩子進行清掃；需要好幾天才能完成的大作品，則預先訂定還原清掃的日期，並嚴格訂定無法兌現的罰則。

放手觀察

|找|到|孩|子|的|亮|點|

其實，每個孩子都是遊戲高手

所有的人事物在孩子的眼裡，都依照他們的想像與生活經驗，有了新的用途，被賦予新的定義。

翻轉你的念頭，深入孩子的心意吧！

嗅出他們內心的動機，設法維持他們獨一無二的創意。

換雙眼睛，就能看見衛生紙變雪花的創意

如果你已經為孩子預備了一個豐富的環境，如果你常常願意帶著孩子上山下海走出戶外，如果除了安全問題，你願意給予孩子多一點的嘗試、多一些的空間，那麼接下來，你必會看到孩子將無所不在的好奇、探險、操作、創造、發明的本能，發揮到淋漓盡致，也就是「遊戲」的本能。

孩子的遊戲需要自由的空間和豐富的素材，愈多樣的素材，將啟動他愈豐富的聯想，愈豐富的聯想，必定激盪出孩子更複雜、更深刻的感官與心智交互的運用。

英國有一個建築師賽門・尼克爾森（Simon Nicholson）提出「活動零件理

論」：**「在任何環境中，發明和創造力的高低，以及探索發現的可能性，都與該環境中『變數』的數量與種類成正比。」**

變數，就是組成創作的「活動零件」，也就是「素材」，根據這個理論，許多兒童遊戲家強調，在生活中要盡可能的提供孩子變化多端的素材，讓他們能根據自己的想像，自由自在的創造、組合、操作、建構；變化多端的「活動零件」，正是大腦能天馬行空運思發想的活水源頭。

孩子所處的環境中每一個事物都可成為他們創作的「變數」，而他們操作建構的過程，就是「遊戲」。

記得咱家大兒子翔翔兩歲時，有一天，他偷偷抽了一張衛生紙，小小的手躍躍欲試，就把薄薄的衛生紙撕成了兩半。

當他發現自己能輕易的將紙張變成兩張時，感到非常有成就感，於是又繼續把兩半撕成了四半；接下去，當然就撕得更小張，就這樣愈撕愈碎，直到撕到不能再撕的時候，想當然耳，小子還不過癮，於是又抽出第二張繼續撕，然後，第三張、第四張、第五張……，欲罷不能。

待我注意到時，整個地上已一片狼藉，翔翔不僅搞了一地的混亂，更白白浪費了一整堆潔白如淨的衛生紙。

正當我氣急敗壞，一心擔憂著該如何收拾時，小人兒在一片如雪花覆蓋的地上仰起了小頭，露出得意的笑容，意思似乎是：「馬麻，請你看看我是多麼地厲害！」

是的，我如一般大人們會有的正常反應，當場傻眼。正要衝口開罵時，翔翔抓起一把雪白的衛生紙，興奮的往空中一撒，歡呼著：「馬麻，你看，下雪囉！下雪囉！」

我這才真正看懂這寶貝別出心裁的偉大創作：從一張張完好的衛生紙變成細碎紛飛的雪花，從破壞到造雪，好像在變魔術一樣！我最終也跟隨著孩子的眼光，把狼藉不堪看成美麗的結晶。

從小小孩的角度來看，地上呈現的可不是一堆垃圾，是他費盡心力的工作成果，是他嘔心瀝血之作品，是他的小手千百次試著以相反運動方向來產生力道的趣味體驗。

想到這兒，我轉了個念，把小子的「闖禍」看成即興的「創作」！於是，我也抓起一把又一把的瑞雪，跟著寶貝一聲又一聲的狂嘯：「下雪囉！下雪囉！」

大人所見的牆壁，是孩子眼中的大畫布

對自己的小手躍躍欲試的孩子看到衛生紙，不會覺得它叫做「衛生紙」，而是一個能滿足「撕」這個偉大動作的特製「玩具」。

事實上，**孩子看待各種事物，都不會按照大人的名稱與定義，所有的人事物在他們的眼裡，都換上了大人無法想像的嶄新面貌，隨時依照他們自己的想像與生活經驗，被賦予新的定義，有了別出心裁的用途，都可以成為創作的「零組件」，巧妙地參與他們的即興創作。**

這是孩子的特有神力，使得他們成為世界上最有原創力的生物，也讓他們成為實實在在享受生活的遊戲高手，更讓他們在創作摸索中完成了自我腦力的開發！

你家也有遊戲高手嗎？他們的不按牌理出牌，是不是你最痛恨的亂源？他們的不計代價、不管後果，常常惹得你焦慮又火大？

在你為孩子定罪之前，在你即將勃然大怒之前，請先跳過混亂！

請翻轉一下念頭，試著感受一下他們別有洞見、別出心裁的樂趣所在：

❇牆壁被畫得怵目驚心↓

喜歡塗鴉的孩子之ＯＳ：

「我從沒有想過它叫做『牆壁』，我覺得一整片白牆壁看起來就是世界上最大的畫紙，不畫上幾筆真是太可惜了！」

❇雜誌被撕得體無完膚↓

喜歡玩紙張、摺紙的孩子之ＯＳ：

「我忘記那是充滿寶貴資訊的一本書，在我眼前突然就變成了專門為我準備的一整本摺紙啊！」

❇衣櫃裡的衣服被翻得亂七八糟↓

喜歡演戲的孩子之ＯＳ：

「太棒了！這些大人的衣服正是一件一件能讓我變成真正的媽媽、老師、公主、王子的衣服啊！快！快！我要變身！」

❇牆壁上的小洞無緣無故被摳成一個大洞↓

喜歡挖寶的孩子之ＯＳ：

「我相信一直挖那個小小的洞，一定會找到天大的祕密！更何況，我根本看不出來牆壁被摳成一個大洞，有什麼值得大驚小怪的？」

你是不是認為什麼事情一定得怎麼做，什麼東西一定得怎麼用才對？一個物品要一定對應著一個固定的名稱以及一個具體的用途？

孩子來到我們的生命有一個目的，就是解放我們長久以來被世俗與成習塑造的僵化不冥。

他們不受生命經驗所綁束，因此每一件物品都能被開發出新功能，甚至無生物都能被活化成有血有肉的生命體。

翻轉你的念頭，深進孩子的心意，看透孩子的嚮往！

在一念之間，你就會從嫌惡轉成激賞，從僵固裡迸出會心的一笑，你會把「小天兵」驚呼為「小天才」，然後，你會忍不住讚嘆：天啊！我的孩子實在太有趣了，太特別了！

這不是要你放任孩子隨意破壞物品，把紀律丟在一邊，而是要**敏銳的嗅出孩子內心獨特而珍貴的動機，然後想辦法維護、延續、發展他們一個個原始的創意**。

喜歡無拘無束在牆壁上亂畫一通的孩子，難道不能空出一面牆讓他們畫個夠嗎？別埋沒小畫家的珍貴靈感！

喜歡亂撕書本的孩子，丟幾本不要的書籍讓他們亂撕一通，不就解決了嗎？創

作，不是就是從「破壞」開始的嗎？

喜歡玩角色扮演、服裝秀的孩子，拿一個箱子把被淘汰掉的衣服帽子配件通通裝起來，供他們胡亂搭配一通，不就皆大歡喜了嗎？服裝設計師也是這樣玩出美麗想法的啊！

喜歡挖洞的孩子，那就多帶他到戶外、公園、沙地，盡情挖個夠吧！追根究柢的堅毅精神總是這樣開始鍛鍊的！

而對於我那亂撕衛生紙的寶貝呢？

我當然要告訴他，放在桌子上、浴廁裡的衛生紙是一種衛生用品，是給人擦手、擦嘴巴、擦身體用的，不能隨便拿來亂撕亂玩，然後，將一些材質不佳的贈品拿到遊戲房，就大方的出讓成他的創作素材吧！

至於撕得一整地的混亂，「下」完了雪，當然就是引領著他、要求著他，「剷」雪的時候啦！

▼▼▼ 創意的火種一閃即逝，問題是：

最混亂時刻，往往也是創意最關鍵的起始點！

你看到潛藏在孩子心底的可愛想法嗎？你懂不懂得把握住機會，讓孩子一閃而逝的靈感有機會發芽壯大？

在這裡，只消一句話就能幫助你完全懂得孩子的心：

在孩子眼裡，世界上所有的東西都是玩具，任何事情都是遊戲！

如果你懂得孩子的這個「玩」心，就會知道，當孩子出現狂野行徑之時，就是你當偵探、得用力嗅出他們樂趣所在的大好機會！除了忙著處理混亂，別忘記在一片狼藉中試著摸索出他們自創的遊戲輪廓與動人的起心動念。

拖著他走，不如陪他前進

孩子就像一部預先設定好的機械，會偵測到環境裡吸引著他們的特定事物，
然後就朝著特有的方向，執著地行走，
沒有人能阻攔，也沒有人能勉強他們換另一種旅程。
只有他們自己選擇的旅程，孩子走起來才會腳步輕盈。

只有自由意志，才能對大腦「墾荒」

如果要了解孩子為什麼能出於自我的發想、探索與學習，就要對我們的大腦有一點基本的認識。我們的大腦裡面約有一億五千萬個神經元，這些神經元好比一個一個小兵，因應每一次的學習任務，重新動員，重新編組。

神經元要怎麼互相聯繫合作呢？每一個神經元的周邊，都會自動形成很多細細長長的突觸（synapse），大腦的周邊可以形成上兆個突觸，它們能因應不同的刺激隨時聯繫，隨機調整，把神經元串連起來，形成神經傳導的路徑。

每一次的學習任務就是靠為數龐大、隨機應變的突觸來負責做聯繫工作，讓神

經元小兵們互通訊息，攜手合作，變成同一陣線，而神經元小兵們彼此之間，你認識我，我又連絡他，他又串連到更多人，於是就形成了更大的網絡，克敵制勝的機會就愈來愈高。

不過，「被人逼迫去打仗」跟「自己躍躍欲試想要打勝仗」，這兩者可是大大不同！哪個兵喜歡被人押著去打仗呢？但是只要是自己想要打贏的仗，那麼一團小兵也會想辦法緊密結合，或者拉攏更多合適的人一起加入陣線，每個人戮力以赴，小兵就能立大功！

大腦的神經元就是這樣，每一次的學習，都是重新動員每一個神經元的機會，有時是A、B、C、D，有時是B、C、D、E，每一次都組成不同的團隊來應付不同的挑戰，神經突能即時而綿密的傳導訊息，把合適的神經元都串聯起來，組成「最佳學習團隊」。

學習就像作戰一樣，有哪個神經元會喜歡被人威逼地去連結、去學習呢？於是，如果是面對被動的學習，神經元也像小兵一樣心不甘情不願，周邊的神經突就懶懶散散，拖拖拉拉，懶得去做串聯的工作了。

但是若是出於自願的學習，突觸就會興高采烈的傳導連結，於是有志一同的神經元通通都被通知要串聯在一起，人多勢眾，眾志成城，還怕打不出一場漂漂亮亮的「學習勝仗」嗎？

這就是為什麼腦神經專家近來研究得知：**出於自由意志的學習，學習動機就愈強烈，腦神經的連結愈持久愈強固。**

這種自己想要探究學習的狀態，讓腦神經元的連結既快速又緊密，學習變得熱情有勁；而因為腦神經元連結得緊密牢固，又更加速了進一步的學習。

大腦好比一塊荒地，常常連接的腦神經路徑，好像是常常有人踩踏的小徑，一次、兩次、三次……日積月累，荒煙蔓草間就逐漸踏成一條清晰的路徑。出於自由意志的學習，會讓人擋不住的一直在這條小徑上來來回回的走著，很快的，蠻荒的大腦就被開發出緊密強韌的連結路徑。

路，是人走出來的；腦神經迴路，則是「主動學習的熱情」創造出來的！

現在，你對腦神經與學習的關聯有了一個初步的認識，知道自發性學習是最有效的學習方式。那麼，請積極地去尋找孩子自動開發大腦的學習方向吧！

興趣是人生路程的指標

了解到「自發性的探索學習」對大腦開發是如此關鍵之後，我便開始觀察孩子「出於自願的學習」與「被迫學習」會呈現如何不同的面貌。

我的三個孩子就是我最具體真切的 case study，我天天近距離的觀察，確實發現孩子天生都夾帶著非常強大的自我學習力量。而且，都好像一部預先設定好的機械，會偵測到環境裡吸引著他們的特定事物，然後就朝著特有的方向，執著地行走，沒有人能阻攔，也沒有人能勉強他們換另一種旅程。

比如，三個孩子成長到三、四歲的時候，只有老大翔翔老是注意到細微聲音的差異性，然後對不同樂器的聲音著了迷地想要試著去區分，而也只有他打從幼稚園開始吵著要學樂器，大班時就有模有樣的，試著用五線譜記下迴盪在心底的樂曲。

這種對聲音、樂音、節奏高度敏感的自主性發展卻從來沒有發生在老二凱凱、老三鈞鈞身上，我曾試著讓凱凱、鈞鈞也學習樂器，但是他們從不樂於主動把玩樂器、也極少聞「樂」起舞，當然更不可能伏在鋼琴之前，畫出長長短短的音符，因為，他們就是和哥哥不同，他們的心裡就是從未飄揚出任何的美麗旋律。

但是，兩個孩子卻各領風騷，分別以截然不同的自我探索方向帶給我同等的驚艷！老二聽到音樂，不唱歌、不跳舞、不玩樂器、不作曲，但是他卻對每一種樂器的獨特造型特有興趣，他想要了解小提琴、中提琴、大提琴、低音大提琴有何不同時，就忍不住翻閱資料查看小喇叭、伸縮喇叭、法國號、薩克斯風的外型特徵；還有豎笛、橫笛、低音管、倍低音管的細部構造又是如何。

他每天逼著我幫他找尋各種樂器圖片，每天對著圖片，一張一張的畫。沒多久，凱凱就畫出一整個交響樂團所有樂器的配置圖，五歲的畫筆竟然能充分掌握到每一種樂器的細部特徵，令我瞠目結舌。

在凱凱接下來的故事中，我會再詳細的分享他畫筆下的美妙探索旅程，一枝不受拘束的自由畫筆，如何從畫樂器結構圖開始，一路暢行，愛上畫各種精工圖、設計圖，最後從平面圖走向立體構造，開始把自己的設計圖變成了一個一個立體的玩具與模型。從紙板勞作開始動手做，如今已經高年級的他，順水推舟的進展到玩木工的階段。

同樣從探索樂器開始，但是萬萬沒想到，老大翔翔和老二凱凱會有如此天差地遠的分別。

孩子天生都有自己可以對準的「獨家頻道」，翔翔喜歡上音樂、作曲、創作，凱凱則從樂器結構開始走上模型與玩具的設計，兩人各唱各的調，各走各的路，但我看到兩個孩子都是如此輕鬆愉快、擋也擋不住的一路探索學習著，彷彿有永遠走不完的美妙行程。每隔一段時間，他們就分別締造出一個令我驚奇的里程碑！

至於第三個孩子鈞鈞，我一直以為他會是一個依附在哥哥身邊的影子型人物，大概哥哥們玩什麼，他也就跟著玩什麼，哥哥會什麼，鈞鈞也不脫哥哥的喜好範圍。

我錯了！沒想到，鈞鈞選擇了更不一樣的探索旅程，他雖然聽不出ㄉㄡ ㄖㄨㄝ ㄇㄧ的興味所在，卻能細細分辨各種鳥類、蛙類、昆蟲的鳴叫聲。

他不像凱凱有一雙如工匠般的巧手，但是，卻有一雙對動物非常溫柔慈愛的小手，在偌大的公寓裡，鈞鈞養了各式各樣稀奇古怪的動物與植物：寄居蟹、小烏龜、小青蛙、小魚、小倉鼠、蠑螈、豹紋守宮、小蛇……。

他每天貼近這些小動物，嘴裡不時地發出驚嘆聲，總因為觀察到小嬌客們的種種奇特發展，而忍不住和家人分享新發現。

他無法壓抑親近動物的慾望，於是，社區裡的鳥類一一被他搜尋出來：黑冠麻鷺、紅嘴黑鵯、白尾八哥、五色鳥、綠繡眼、紫繡鶇、樹鵲、白頭翁、喜鵲、珠頸斑鳩……，這個小小動物觀察員還沒有來到我的生命之前，我從來不知道在我的生活周遭裡有這麼豐富的鳥群生態。

假日時為了能到野外觀察動物，他會非常自律的早睡早起，押著大人帶他上路。為了觀察夜行性動物，他逼著我這個生性膽小的媽咪帶他闖入黑壓壓的森林裡，看蛇、看飛鼠、看白鼻心。

隨著三小子逐漸長大，我愈發能感受到他們明顯的差異性。**這三個孩子讓我真正見識到，孩子天生都有自己獨特的學習方向，絕對勉強不來，只有自己選擇的旅程，孩子走起來腳步才輕盈，輕鬆又自在，才能感受無上的樂趣。**

在你心裡，是否兀自畫著自認最完美的孩子形象？是否認為盡責的開發孩子，就是要主動幫他們規劃一套完善的學習旅程？

且慢！讓我們細細咀嚼大文豪紀伯倫美妙的詩句：

你的孩子並不是你的。
他們是「生命」對他自身的渴慕所生的子女。
他們經你而生，卻不是你所造生。
他們與你相伴，但是並不屬於你。

你可以給他們你的愛，卻非你的思想。
因為他們擁有自己的思想。
你只能圈囿他們的身體而非靈魂，
因為他們的靈魂寓居在明日的住所中，而那是非你所能觀覽的地方，甚至不在你的夢中。
你可以盡力去模仿他們，但是不要指望他們會和你相像。
因為生命是不倒行的，也不會在昨日停留。
你是弓，而你的孩子是從弦上射發的生命的箭矢。

是的，**「你們的孩子並不是你們的孩子，他們是『生命』對自身的渴慕的子**

女。」；「你們可以把你們的愛給予他們，卻不能給予思想，因為他們有自己的思想。」

這不只是唯美的詩篇，更是具體的科學論證。

我不會了解為什麼那麼享受於分辨青蛙叫聲的鈎鈎，就是不會主動去聆聽ㄅㄡㄖㄨㄝ ㄇㄧ所組合的美妙旋律；我也不會自找麻煩的逼迫老在案頭搞創作的翔翔，一定要眼觀四面、耳聽八方的留意我們社區裡瀟灑生存的小動物們。

紀伯倫早就點明：孩子依循著自己天生設定的哲學，都擁有一套神秘的自我探索計畫。**我們要做的，不是拖著他們依循我們的腳步，而是用愛與支持來陪伴他們行走於自己想走的路。**

根據研究，人類有九十五%以上的神經元如荒地一般尚未開發，這些沉睡的神經元一直都在等著被喚醒，找到他們想要自主連結的路徑。

相信你迫不及待想要看到孩子腦海裡呈現出一幅既美麗又縝密的腦神經連結圖像。那麼，趁他們年幼，大腦一片混沌之時，就要給予多方的環境刺激、讓他們多方的接觸資訊，多方的嘗試與遊戲，讓每個神經元小兵擁有各種機緣做千百種自主連結。

那麼「小兵」就變成「超兵」，超兵與超兵的聯盟陣線可是強韌有勁，一輩子也斷不了革命情感啊！

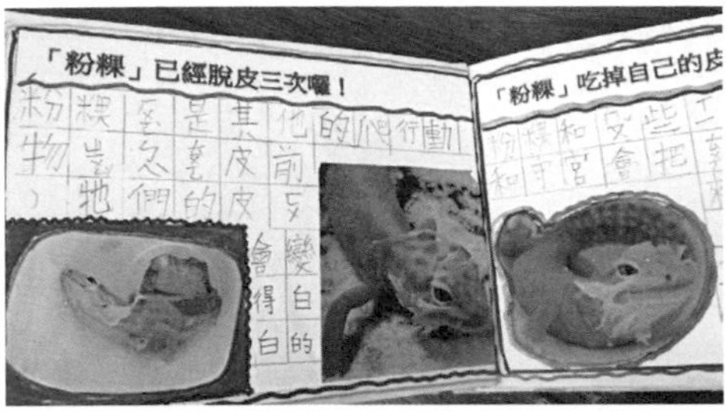

孩子依循著自己天生設定的哲學，都擁有一套神秘的自我探索計畫。

我的三個孩子讓我真正見識到，孩子天生都有獨特的學習方向，只有自己選擇的旅程，他們走起來，腳步才會輕盈、輕鬆又自在，並感受到無上的樂趣。像是老大翔翔喜歡音樂、作曲、創作，老二凱凱有一雙如工匠般的巧手；老三鈞鈞則是我生平遇見最棒、最有耐心、最有熱忱的生物小老師。他們的創作成果，都被我悉心的收藏著。

斷捨離的放手教養，從不做貼身保母開始

你的心裡可能只有一套教養模式，因為你的思考點是從自己的經驗與判斷出發的，設想出來的成功模式，可能也只有一種。

當你自以為是地幫孩子設計了一套最省力、有效的完美規畫時，孩子原本獨有的天分與特質，可能也因此被你的安排所框絆。

幫孩子自己做，他才能做自己

孩子為什麼不會有令人驚豔的探索追求行動？除了貧乏的探索環境可能是原因之外，很有可能是大人的獨斷獨行，扼殺了才冒出一點小頭的探索幼苗。

想想，這些狀況赫然出現在你的眼前時，你的第一個念頭是什麼？

✽ 寶貝跳上細細長長、有一點高度的花圃圍欄，把它當作平衡木來行走。

✻寶貝爬到樹梢上，徒手攀著樹枝，雙腿夾緊樹幹，正興奮的想爬到樹梢。

✻寶貝吵著要扭開瓦斯爐，試著煎出香噴噴的蛋餅。

✻寶貝說，他想自己一個人坐公車去上才藝課，不要媽媽陪伴。

✻寶貝說，他想使用鋸子，裁切自己需要的木棍與木板。

✻寶貝說，他想到生態公園夜遊，觀察夜行性的昆蟲與動物。

……

是的，我已經聽到你斬釘截鐵地回答「No！」，而且緊接著，你還有一長串迫不及待的合理解釋：

✻「從細細長長的花圃上很容易跌下來，一跌下來一定傷得不輕！」

✻「雙手雙腳攀在表面粗糙的樹幹上，手掌褲子一定會磨到破皮，從樹上跌下來，很可能傷到筋骨！」

✻「孩子不可能會控制火侯，他會被鍋子燙到，會把鍋子燒焦，也可能被火苗燒到。」

✻「孩子自己坐公車會搞不清楚路線，也可能會遇到壞人。」

✻「孩子使用又大又粗的鋸子，一不小心就會鋸到自己的手，萬一破傷風就非常麻煩。」

✻「夜間到生態公園，又黑又危險，如果碰到蛇，下場非常不堪設想。」

在Yes與No之間，難道沒有別的選擇？

當父母定睛在所有潛在的「危險」之時，會被無限膨脹的恐懼感包圍，然後忘記我們的孩子與生俱來的自我保護與求生本能。

耶魯大學社會生態教授凱勒特（Stephen Kellert）曾提出，**居家周遭環境的生活經驗，尤其是自然方面的經驗，可以培養、形塑兒童的認知能力、分析、推理及評估能力。**

孩子就是需要一次又一次地從實際的體驗中，累積對環境的理解，培養對情勢的判斷能力、應對能力，解決問題的能力，以及對自我身心能耐的掌握與運用。

這不是要你不顧一切的把孩子推向野外，也無須評估環境裡的潛在危險。而是承認**每個孩子都需要「在環境中試探與鍛鍊」的經驗，唯有如此，你的孩子才有機會對準與其天生能力相呼應的環境素材，也才能把這些上天恩賜的能力發揚光大。**

是的，你不應斷然說No，但是也不能不負責任的只說Yes！

♪ 在前往生態公園夜遊之前，引導孩子做好資料的蒐集，準備相關的物品，跟著有經驗的嚮導一起前行。

♪ 在使用鋸子之前，戴好手套，準備適當的檯子，先行示範，先做練習。

♪ 在放孩子單飛坐車之前，先帶他坐過幾次公車，告訴他路線，幫他準備手機，或是準備打公共電話的零用錢。

♪ 想要走上高高的圍欄，就護在他的身旁，或是牽著他的小手，直到他能獨立行走。

♪ 想要使用瓦斯爐，那麼要教他怎麼把油水分離、怎麼控制火侯、怎麼拿鍋鏟，示範再示範、監督再監督，直到你確認他能獨立作業。

如果你想看到孩子小小的好奇火苗能發展成絢爛美麗的煙火，那麼這些起步工作，都是你無可推諉的職責！也唯有如此，孩子才能體現「好的開始，是成功的一半！」

你認為的捷徑，可能讓孩子繞了遠路

我們大人走過了幾十個寒暑，看盡人生的高低起伏，非常熟稔人生勝負的遊戲規則，清楚成功的捷徑為何，因此在看待孩子的成長時，無形中就為他設立了一條我們自認最省力、最有效的捷徑。

於是，我們開始為孩子安排，從早上幫他安排到晚上，從零歲開始幫他安排到二十歲。

你有沒有想過，不論你生幾個孩子，從頭到尾，你的心裡可能都只有這唯一的一套教養模式，因為你的思考點是從自己的經驗與判斷出發，會不會設想出來的成功模式也只有一種？

你知道時間寶貴，一分一秒都要善加利用，你知道愈早開發孩子的腦力，就是贏在起跑點。於是，把孩子的生活切割如學校的課程，一堂一堂的過日子，一個領域接著一個領域的鍛鍊孩子的競爭本事。

如今，不少孩子的童年模式都很雷同，自幼開始，都是在一堂一堂才藝課、科學課、數學課中跑堂，在一間教室與另一間教室間穿梭。

時間當然寶貴，當然要善加利用，孩子的腦力當然要及早開發，但是，不要忘了，**腦力的開發最有效恆久的方式，是放給他自己去選擇；而最能帶來充實感與愉悅感的學習，是放給他自己去探索、經驗與學習。**

這選擇、探索與學習的過程，無法速成，如同食物在鍋子裡，必定需要滲透與醞釀的時間，味道才能紮實入裡。

當你自以為是地幫孩子設定一套最省力、最有效、也最能把孩子推上高峰的完美規劃時，你那原本散發獨特風味的孩子有沒有可能被你的完美計畫框絆？

當你要孩子依照著你的計劃，說一就要做一，說二不准做三時，孩子出於天性的自我判斷、探索能力會不會就此被斬斷？

一個無法照著自由意志去探索學習的孩子，如同想要展翅奔騰的鳥兒被綁住了雙翼，他是絕對不會快樂的。最重要的是，他與生俱來對自我探索的敏銳天線就此失效，生不出探索的動力，伸不出探索的腳步。

這樣的孩子真的不是只有一個「悶」字可形容，而是「暴殄天物」四個字！

當然，不是要你的孩子都不要上才藝課，也不要顧及基本的學習，不需要重視時間的規畫與運用，而是在此之前，你該如何拋開自己，換一顆腦袋，先進入到孩子的「玩」國裡？

繼續前進到下一堂課，你會知道怎麼做！

▼▼▼ 放手讓孩子嘗試後，你可能會恐懼孩子將面臨那不可收拾的危險而阻斷一切，也可能覺得起步的輔佐工作非常煩人而總想偷懶。那麼，你的孩子的發展不僅會嘎然而止，更可能退縮成一個體質脆弱、性格膽小、見識狹窄、不知道自己是誰、不確定自己能做什麼的孩子！

當「No！」就樣衝口而出時，請檢查一下自己的心，是不是因為你無來由的恐懼感？還是怕麻煩？你能做什麼來降低危險的產生？你要如何鼓舞自己跟上孩子的腳步，一起體驗多彩的世界？

你的成品，真希望這個學期結束前能看到你整個大作！

- 阿嬤月底要從南部上來，她難得來一趟，真希望這次她能看到你的偉大作品，她一定非常驚喜！
- 媽媽這個星期很忙，沒辦法好好欣賞你的作品，不過下個星期，媽媽結束手邊的工作時，希望有機會好好跟你討論你的成品，所以這幾天你剛好可以努力完成！
- 你提出來的問題太值得研究了，我覺得你可以再想一下，下學年的科展非常適合這類的題目喔！

如果孩子在進行時，似乎遇到難題，呈現膠著狀態，可以在言語中給予「**解決問題**」的方向引導，讓他們不畏艱難，繼續保持信心，願意多方嘗試。你可以這樣說：

- 其實你的想法非常可行，但是問題出在材料的選擇上，你應該要到更大的材料店去選擇更適合的材料。
- 你的計劃非常棒，值得繼續推展下去，但必須先解決這個問題。你可以上網到雅虎去發問，幸運的話，會有高手提供意見！
- 你的表演很具可看性，但是有一些不太順暢的地方。要不要用錄影機拍下來？這樣你就能反覆觀看，找到破綻！
- 你提出來的問題太值得研究了，不過，你若能從實際的數據來歸納，才具有說服力，你可以請教老師應該到哪裡蒐集統計數據？

為什麼我真心的讚美不會激勵出孩子具體的行動？

只要真心感受到孩子的特別亮光，其實，讚美與激勵會是父母很自然的反應。不過，有效的讚美應要能勾起孩子「非嘗試不可」或「非完成不可」的動機與決心，否則，讚美只能達到「傳遞愛」與「增強孩子自信」的功能。

孩子都是依戀父母的，因此，當他們在父母的言語中捕捉到強烈的信任感、肯定與盼望，「**採取行動**」就會變成理所當然的反應。

想要引導孩子從「紙上談兵」化作「具體行動」，言語中可以讓他們感受到自己確有能力採取行動，並期待著隨之而來的無上樂趣。你可以這樣說：

- **你說的故事實在太精采了！為什麼不把它寫下來？忘掉不就太可惜了！**
- **如果你能把剛才說的做出來，一定會讓人眼睛一亮！**
- **我覺得你的想法真的很值得把它做出來，你要不要試試看？**
- **你要不要上網查查看，有沒有人跟你做過類似的事情？它們是怎麼做的呢？**

如果孩子已經著手進行，但是態度並不積極，沒什麼進展，可以在言語中給予「**目標時間**」的引導，讓他能自我期許在一定的時間內達成目標。你可以這樣說：

- **我看到你已經進行的部分，真的很有創意，媽媽真是迫不及待想看到**

LESSON 3 從心激勵

做孩子人生的經紀人

父母願意陪伴，孩子就會放膽追尋

孩子的好奇、心意、想望，還有真心想和你展開的對話，答案都在「遊戲」中。那是一連串自主學習「引爆點」現身的最佳時機。

孩子想玩什麼，你就給他什麼；

看他玩什麼，就要陪他玩什麼！

不把自己變成孩子，就不會遇見你真正的孩子

陪伴孩子沒有什麼祕訣，就是三個字——**跟他玩**。在安全的限度下，放下一切，拋開成人的身分，拿出你的童心、玩心，好好的和孩子攪和在一起！

請記得，把你自己變成一個真正的孩子，當你自己都覺得跟孩子在一起非．常．好．玩的時候，你才不會跑去做別的事情，才不會被手機絆住，不會想打開ipad，不會在電腦前游移不決，而當孩子感受到你的誠意與投入時，必定會以數倍的投入度回報與你。

咱家的小么子鈞鈞對動物非常痴狂，他會為了要探究夜行性動物，在淒風苦雨的夜晚，把爸爸媽媽拖到伸手不見五指、滿是樹叢的森林裡去一探究竟。我敢不敢去？真的不太敢！但最後去了嗎？當然！

為什麼？最主要的原因就是因為我非常愛我的孩子，**因為愛他，所以願意陪伴他做他喜歡的事情；因為愛他，知道只有在這些時刻，我才能充分了解他真正的內心世界。**

鈞鈞會為了渴望觀察清晨的鳥兒，在天色未明時，使勁全力把爸爸媽媽從被窩中挖起來。我想賴床嗎？當然想！但最後有沒有賴？沒有！

為什麼？因為我知道，孩子非常愛我，他不想讓最親愛的人錯過他認為最美好的事物。

而只有親自陪伴，我才會知道，孩子到底看到了什麼？我才會在第一時間聽到這個小小動物學家的第一手報導，我也才有機會當個狗仔隊，跟緊他的動向，知道寶貝迫切需要什麼資訊？又需要大人如何進一步的引導？

鈞鈞會為了想養一條奇異古怪的小蛇、一隻醜不拉基的豹紋守宮，意志堅定地跟我對抗兩年，革命了兩年，並且默默存了兩年的錢。

我想不想禁止他養？我千方百計想要阻止這個偉大而荒謬的飼養行動，但是阻止得了嗎？不能！孩子一旦情有獨鍾，心有所屬，他們的雄心萬丈是不可以小覷的啊！

如今，鈞鈞真的在生物的探索領域裡領先我好幾步，他是我生平遇見最棒、最有耐心、最有熱忱的生物小老師，他的小嘴巴總是熱切地訴說著他與生物的奇遇與領悟，更從不減熱情的邀請我，走到大自然裡親眼目睹他訴說的傳奇。

他帶我觀察社區裡所有的鳥類，拉著我的手到生態公園辨認所有的蛙類，在森林裡告訴我如何精準計算飛鼠出沒的時間與地點，他領著我坐在伸手不見五指的森林深處，靜靜聆聽樹梢上白鼻心的動靜；他拉著我的手走過竹林，提心吊膽地緩緩在一片片樹葉、一根根枝椏間，仔細搜尋青竹絲的蹤影。

如今，在他不斷的引導與說服中，我終於也生出了「第三隻眼」，找到了他老說「好可愛」的小爬蟲、小蛇們不為人知的可愛之處！更常常在他拋出的一個比一個更有深度的問題裡，看到他不斷累積的生態知識與智能。

一路走來，我原本只是想以一份純粹的母愛來護衛著鈞鈞小小的身軀，牽引他稚嫩的小手，走進危險地帶；然而，他終以一份執著不移的堅定，不斷用真摯與熱情來豐富我的生命與見聞。

孩子的熱情在哪裡?答案就在遊戲中

孩子的探索線索都藏在「遊戲」中，鈞鈞這條明晰的動物生態探索之路亦是如此。

他四、五歲時，我們看了一部電影「地心冒險」，其中有一幕讓孩子們刻骨銘心。就是在想像的地心世界中，有一株巨大的捕蠅草，它像一頭兇猛的肉食動物一樣，在捕捉食物時，展現了毫不留情的威猛凶悍。

從此，小男孩的遊戲世界就多了這個題材——模仿捕蠅草捕捉動物。他們認真的用手臂模仿捕蠅葉，把自己化身為捕蠅草，當然，媽媽我要扮演的就是很窩囊的角色——被他活捉的獵物。我們玩著玩著，對話就開始了。

「馬麻，世界上真的有可能出現會吃生物的植物嗎？」鈞鈞問。

「本來就有啊，電影裡面不是假的，只是真的食蟲植物沒有那麼巨大而已！」

「真的？」鈞鈞張大眼睛，緊接著，毫不保留的就提出他的想望：「帶我去看真正的捕蠅草，我很想親眼看到！」

放假時，爸爸和我就帶著他到建國花市找看看，沒想到，建國花市真的有兩攤在賣食蟲植物。

從此之後，他再也不想買別的玩具，他用所有的點數跟我換取他覺得最好玩的玩具——食蟲植物盆栽，一小盆一百、兩百、兩百五十元不等。從小班到大班，鈞鈞把所有他找到的食蟲植物都養過一遍，除了捕蠅草，還有豬籠草、毛氈苔、土瓶草、瓶子草、好望角、食蟲鳳梨……，有熱帶性的，也有溫帶性的。

幼稚園每個月都舉辦「玩具分享日」，在這一天，小朋友可以把家裡好玩的玩具帶到學校跟同學們分享。咱家鈞鈞從來沒帶過半樣玩具，每一次都興奮地帶著一盆食蟲植物到校，很熱情的跟老師同學們詳細解說，最後，班上竟然有幾位男孩都跟著養起了食蟲植物。

養食蟲植物是鈞鈞深度接觸生物的一個重要起點，讓他感受到生物的奇妙與多樣，也讓他逐漸習慣靜靜地、專心地觀察生物的動靜，驚心動魄於每種生物的獵捕方式與求生本能。

我發現，千變萬化的生物動態，對鈞鈞來說，真的比各種玩具更好玩、更吸引他。而無窮無盡的探索之路，總讓孩子天天有所期待，過得有目標、有動力、有神采。

是的，孩子的好奇，孩子的心意，孩子最大的想望，孩子真心想和你展開的對話，答案都在「遊戲」中！

那是一連串自主學習「引爆點」現身的最佳時機！因此，你別無選擇，好好的挽起衣袖，進入孩子的「玩國」吧！

專心陪伴，心「誠」則「靈」

陪伴孩子絕對不只是因為責任，也千萬不要帶著愧疚，因為那代表你還沒有拋下自己，還沒有把自己變成孩子，因此，你沒辦法真正投入，真正享受；因此，你沒辦法真正專心。這樣，絕對不會有好的陪伴品質。

陪孩子要專心？當然要！**心「誠」則「靈」，這個「誠」是指你的「誠意」，而「靈」是指你才有機緣碰觸到孩子的「心靈」。孩子都是「小精靈」的化身，你有沒有真心誠意的把他放在心裡，他很「精明」，也很「機靈」。**

以下幾個小事情，請您捫心自問：

✼ 陪伴孩子時你迷「網」嗎？

✼ 陪伴孩子時你老想「低頭」嗎？

✼ 陪伴孩子時你忍不住「滑來滑去」嗎？

✼ 陪伴孩子時總習慣先「打開電視」嗎？

✲帶孩子玩，只想到「上館子、喝咖啡、逛大街」嗎？

請記得，陪伴要**專心**！

請記得，以**孩子的需要**為主！

請記得，從**孩子想玩的**做為起點！

請記得，在每一個胡搞瞎搞中，**留意問題**，**展開對話**，捕捉孩子探索的引爆點！

用孩子的話好好解釋

當孩子的眼睛閃著亮光，當他不斷的詢問「為什麼」、「該如何才能做到」……時，代表著他的心裡正懷著一顆探索的種子。然而，你是否曾經在以下的狀況下，不小心把這個待長大的小幼苗扼殺掉呢？

✲因為太過忙碌而忽略了孩子的問題。

✲因為孩子的問題太麻煩而刻意迴避。

✲因為孩子的問題太怪異而不知如何回應

✲因為覺得孩子太小、不可能理解，而不認為有解釋的必要。

想想，你有沒有跟孩子說過這句話：

「你現在還太小，你聽不懂的啦！」，或是：

「等你長大，我再告訴你吧！」

如果我們夠愛我們的孩子，就該憑著一股赤忱與傻勁來接招！你應該：

♪ 相信孩子有熱忱來理解我們的說明。

♪ 嘗試用孩子能理解的詞彙、描述方式（如：表情、肢體動作）好好的說明。

♪ 舉孩子曾經驗過的例子來做比對。

♪ 拿出實物、圖片給孩子觀察。

♪ 一起找出相關書籍。

♪ 協助他上網搜尋資訊、圖片或影片。

你就是要迎接孩子拋出來的問題，好好的、慢慢的解釋；扶他一把，牽引他一下，他的探索旅程絕對因此又延伸到一個新穎曼妙的境界。

你必須深信，**如果是孩子非常有興趣的問題，他們確實會擁有特別的領悟力，因為他們的腦神經元會自動集合、連結，想辦法擊破各個盲點，迫切希望打一場漂亮的勝仗。**

▼▼▼ 孩子在全然投入的當下，是真情流露、自我表白，也是最熱切積極、最暢所欲言的時候。此時，他透露著自己心意趨向的線索，親子的對話隨時都能打開，也隨時都能延續。你幾乎不費吹灰之力，就能對準孩子的思路，捕捉其探索的輪廓。

因此，想要了解你的孩子，首先就要進入到他「玩」的國度裡，孩子的「遊戲國度」，就是他毫不矯飾、全然釋放的內心映像！

因此，孩子想玩什麼，你就給他什麼；看他玩什麼，就要陪他玩什麼！

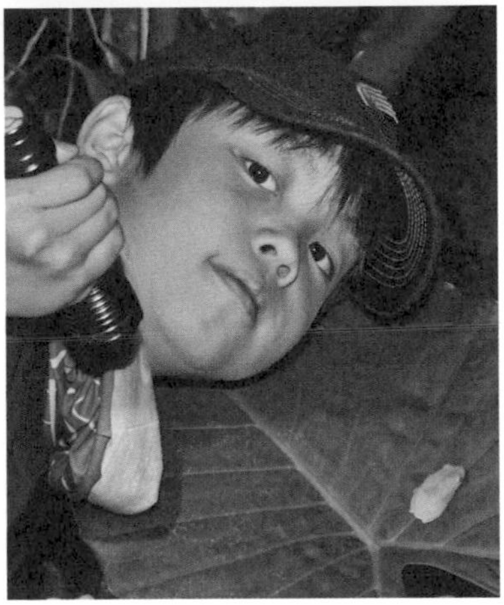

千變萬化的生物動態，比玩具更好玩！

看了電影「地心冒險」，引發鈞鈞想養食蟲植物的念頭，這成為他接觸生物的一個重要起點。之後，為了想養小蛇、豹紋守宮等，更意志堅定地存了兩年的錢。在森林深處聆聽白鼻心的動靜、觀察社區的鳥類、到生態公園辨認各種蛙類等，就是他最愛的休閒活動。

遊戲房就像彈藥庫，貨源充足很重要

愛手作的孩子，需要多樣的豐富媒材，實現隨時都會湧現的創作靈感。你只需要負責準備各式各樣可能派上用場的物件、媒材、工具，一段時間之後，必定會驚訝於孩子用毫不設限的方式來運用它們！

定期盤點，適時補貨

有些孩子不僅需要解釋、資訊，他更需要媒材、物品或是器材來輔佐他從事探索活動。

有了孩子之後，我最常去的兩家店，就是文具用品店以及五金行，因為孩子的遊戲房不僅是展示櫃，也是彈藥庫。他們需要各式各樣的筆來記錄生活中的所見所聞、描繪心中的想像，他們會渴望動手做出在生活中感到震撼的事物。

因此，我會在固定的櫃子上以及用品格裡，放上圖畫紙、硬紙板、色紙、砂紙、各種膠帶、亮片、毛根、鋁線、毛線、細線……他們的想法很即興，一個難得的念頭閃出來，一定要有媒材立即相呼應，否則他們的靈感便一閃而逝。

騰出一些櫃子、找到好用的分隔箱，讓孩子清清楚楚的看到他有什麼可以運用，除非太過危險，否則，不要限制孩子天馬行空的想法，也不要隨意批判他們不成熟的作品，**只要是孩子專注認真做出來的作品，都代表他們曾經歷一段自我摸索與自我開發的鍛鍊時光。**

他有想法，我就要不斷想辦法

我很早就偵測到咱家手做小達人凱凱的需求。從兩、三歲起，他總是畫個不停，因此我不能不幫他準備用不完的紙，各式各樣的筆。而且每隔一陣子，必定要檢查一下，看看書房裡紙張還夠不夠？彩色鉛筆、蠟筆是否堪用？

當我觀察到凱凱從畫畫進展到立體手做時，我則開始揣摩凱凱可能需要的媒材：喜歡做立體的火車、汽車，那麼就幫他準備硬紙板、剪刀、膠帶、雙面膠帶。喜歡建構立體結構物，那麼我就到五金行挑選了非常堅韌但又極容易扭拗的鋁線，讓他能隨心所欲的拗出各式各樣立體物品架構。

讀大班時，有一天，凱凱注意到地下室牆角有一大片縝密漂亮的蜘蛛網，他被此巧奪天工的大自然藝術品深深吸引，於是立刻向我提出願望：「馬麻，我覺得蜘蛛好厲害，我也想來設計一個蜘蛛網，而且我想織成彩色的蜘蛛網，你知道有什麼適合的線嗎？」

「當然有！」，我就帶凱凱到文具店挑選各式各色的毛線。凱凱一拿到毛線，彷彿就化身為一隻不斷吐絲又極度勤奮的蜘蛛，他利用竹筷做出架構，然後非常專注地纏繞出一張張整齊繽紛的蛛網，我驚訝一個六歲孩子為了圓夢所爆發的執著與專注。

看完三國演義，家裡三小子被各路英雄好漢的武器所吸引，於是，在頻頻被催促下，我引導孩子找到各式各樣的中國傳統武器圖。光是盯著圖片紙上談兵當然不過癮，喜愛動手做的孩子當然又提出需求：「馬麻，有沒有亮晶晶的紙張？我們想要做各種中國古代的武器！」

於是，我就帶著孩子去尋找金光閃閃的硬紙、亮光膠帶，以及到五金行找尋適當寬度的木棍，並請老闆裁成適當的長度。不出幾個星期，咱家的書房成了「器械室」，擺滿了各式各樣的中國武器：矛、戟、短刀、寶劍、長槍、抓、流星錘……，應有盡有。

喜歡手作的凱凱特別喜愛科幻電影裡稀奇古怪的道具與武器，每一次看完電影，必定突發奇想，然後就非常熱切地向我提出媒材的需求；而總是滿心期待想看到孩子變出花樣變出名堂的我也一定使命必達。當然，如果媒材太昂貴，我也會請孩子以集點數來換取，或者商量只補助一部分媒材的費用。

孩子在得到適當的媒材之後，果真如魚得水，成天埋頭苦幹而不以為苦，房間凌亂不堪卻能淡定專注，我在一次又一次的驚艷中理解到：**喜愛手作的孩子，生命裡不能沒有豐富多樣的媒材，霎時間湧現的靈感需要媒材立即來體現，而多樣的媒材又能激發出孩子更新穎的創作靈感。**

讓孩子用鋸子，沒那麼可怕

隨著凱凱的目光被一部部電影道具強力攫住，我要蒐羅適當媒材的任務也一次比一次更為專業。

看完《阿凡達》，凱凱放學時就沿路撿拾弧度漂亮的樹枝，做了好幾組造型粗獷的弓箭，然後，他還向我提出了需求——特大條、彈性佳的橡皮筋。

看完《雷神索爾》，凱凱利用紙板、紙盒做出一把造型精緻的神鎚，但是凱凱想要讓這把神鎚看起來帶有一點古舊的金屬光澤，於是問我有什麼顏料可以使用？我就帶他到美術用品店選擇顏色適當的壓克力顏料。

看完《福爾摩斯》，就從製作「橡皮筋竹槍」開始，一路研究製作了好幾把彈力木槍，最後竟然研製作出可以「五連發」的彈力木槍。而把拔和我幾乎每兩、三個星期，就得帶他到材料量販店選擇木材、木棍，同時，因應他的需要，把家裡的鋸子、錐子、鉗子等五金用具一一拿出來讓被凱凱練習使用。

有媽媽問我，怎麼敢讓一個五年級的孩子使用鋸子？其實，孩子真的渴望使用，就會在一開始專心理解我們傳授的正確使用方法，也願意遵守我們訂定的使用規則，同時，我們也必須勤奮的為孩子準備適當的使用場所與配備。

凱凱因為知道自己心中美麗的夢想，非得藉由鋸子、學生線鋸、電鑽、鑿刀、美工刀、筆刀等具有危險的工具來完成不可，於是，就硬著頭皮逼自己練習使用。一回生，二回熟，最後連在木板上都能用學生線鋸切割出非常精細的齒輪。

這一路走來，我這個「彈藥庫」從文具店的常客，變成五金行的老主顧，再走進量販材料店，我提供的媒材愈來愈多樣，愈來愈進階，從各式紙板、紙材進展到木工、噴漆。當我覺得一個小學生該玩的材料都被凱凱玩過時，凱凱六年級時在媒材的使用上又有了大突破。

我是孩子未來的「行銷經紀人」

因為想要完成心目中完美的「鋼鐵手套」，於是天天纏著我要銀亮閃閃的「鐵片」，我這個一向有求必應的彈藥庫跑了幾家五金行，卻遍找不著凱凱要的材料。於是，凱凱突發奇想，竟然要老媽我厚著臉皮上臉書，詢問我的臉友們。

沒想到我一把訊息貼上，熱心的臉友馬上一連串回應。終於，一位臉友提供了一家網上材料拍賣商，雖然這個網主沒有販售「鐵片」，但卻有相同效果的各式「鋁片」。找到媒材的凱凱欣喜若狂，因為這代表距離他自己研製的「鋼鐵手套」愈來愈近。

接著，凱凱又向我提出他需要一只「黑手套」來當作底套，於是放學回來又來死纏爛打，押著我一定要幫他找到黑手套。我騎著單車在大街小巷逛來逛去，終於在賣襪子圍巾的雜貨店裡與便宜好用的黑手套相遇。

凱凱湊齊了這些難得的媒材之後，幾乎一、兩個月都不出門，最後如願以償，設計製作了一只能讓指頭伸展自如、造型非常炫酷、看起來相當有價值感的「鋼鐵手套」。

「鋼鐵手套」這個作品可以說是六年級的凱凱在「手作」探索之路上的大突破，在製作的程序上，凱凱先研究手掌、手指的肌肉伸展運動方式，然後根據研究結果來設計手套的每個關節的伸縮機關，然後先用硬紙板和手扒雞的塑膠手套，製作了一個「原型」，確定每個關節都能順利伸展運動之後，就用真正的鋁片與黑手套來製作最後的成品。

當這個作品完成後，我第一個念頭是：「天啊！這真是凱凱有史以來的大突破，太棒了！如果世界上真有這個玩具鋼鐵手套，不知道煞到多少小男生，這作品一定會被玩具商看上的啊！」

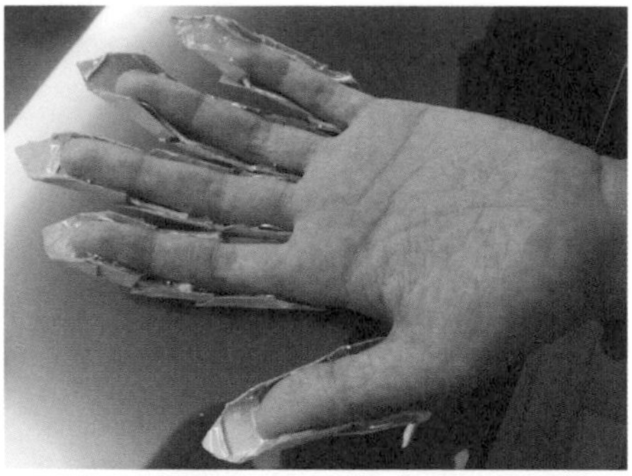

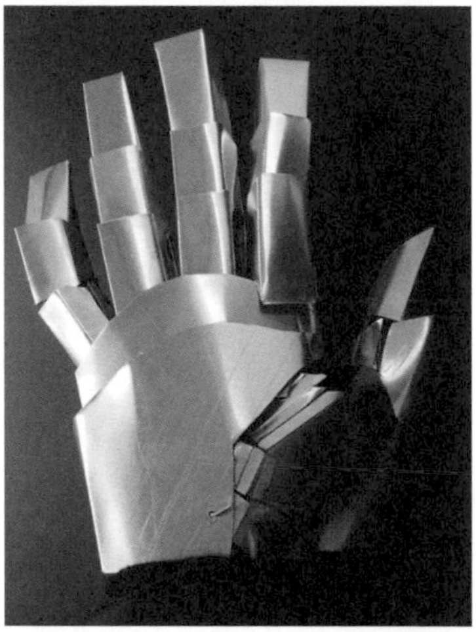

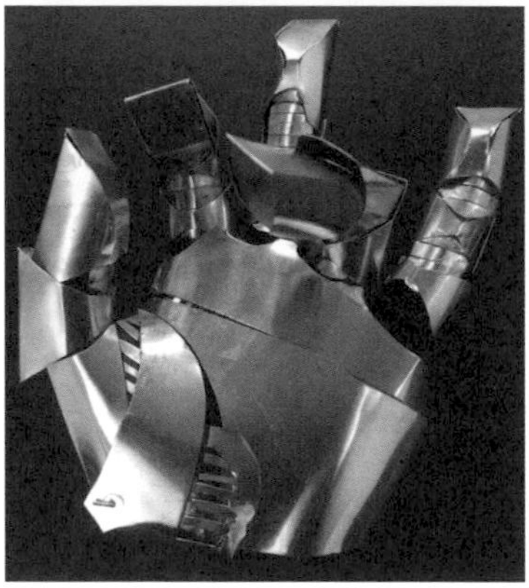

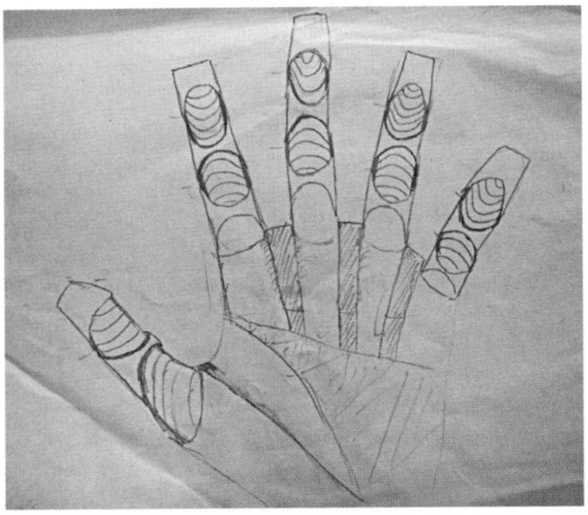

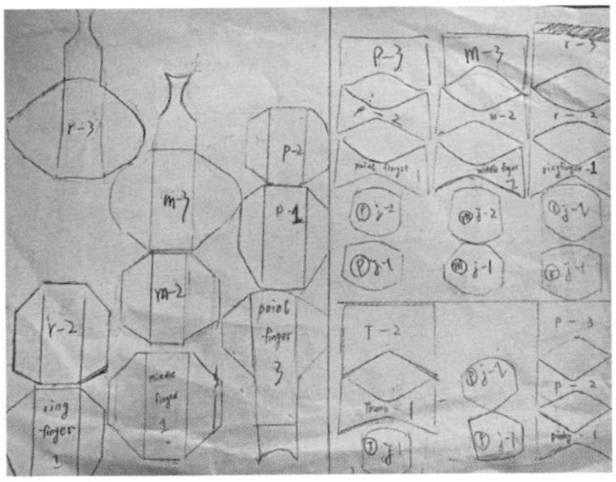

史上最強鋼鐵手套！

凱凱先研究手掌、手指的肌肉伸展運動方式後，設計手套裡每個關節的伸縮機關，再用硬紙板和手扒雞的塑膠手套，製作出「原型」，確定每個關節都能順利伸展運動後，最後用真正的鋁片與黑手套來製作成品。

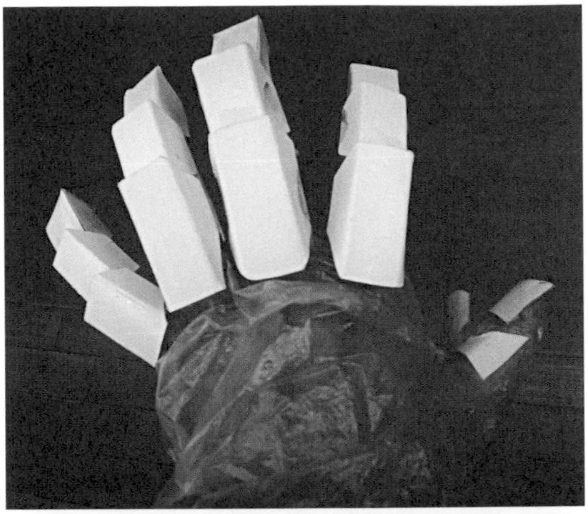

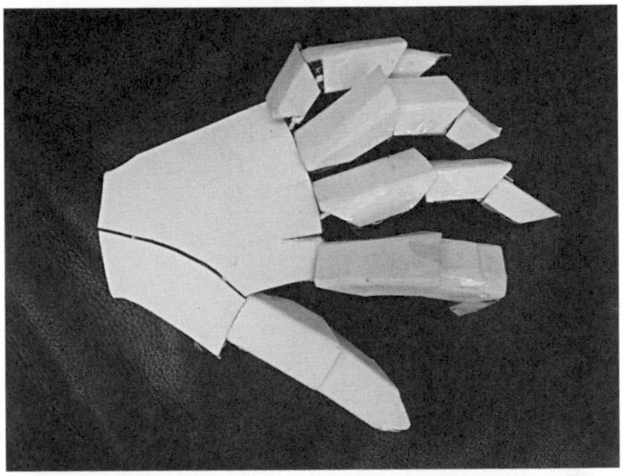

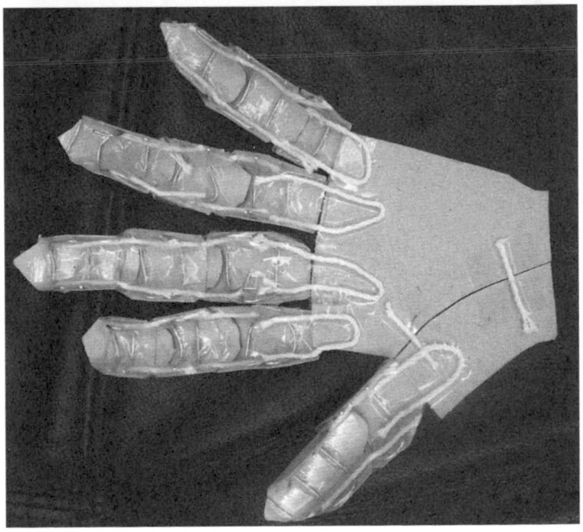

確實，這個當下，我真的在醞釀著幫凱凱接洽玩具製造商的念頭！但沒想到，凱凱的想法卻是：「馬麻，我想跟你一樣出一本書，但我想出的是一本教人家『手作道具』的書，把我做過的電影道具製作步驟一一寫下來，傳授給有興趣製作的朋友！馬麻，你會不會覺得我這個小孩很誇張？」

「Why not？只要是好東西，都有分享、出版的價值，媽媽我覺得你的東西棒到沒話說，不僅有出版的價值，更有商品開發的價值！」是的，我會等到那一天——

我從孩子的「彈藥庫」，進階到「行銷經紀人」！

▼▼▼凡走過必留下痕跡，要達到一個境界也必須由有形無形的痕跡所累積。你只需要負責準備各式各樣可能派上用場的物件、媒材、工具，一段時間之後，必定會驚訝於孩子用毫不設限的方式來運用它們！

幫孩子找資訊、找媒材、找方法、找資源，在這個圓夢的過程中，從頭到尾，我永遠秉持著這句話：「孩子，你們有想法，我就幫你們想辦法！」

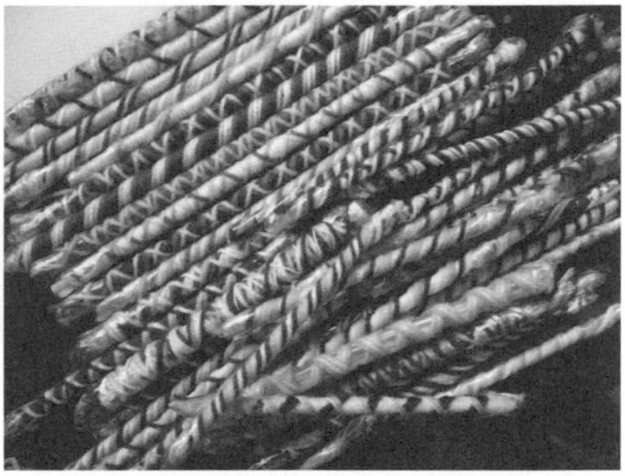

不停補貨，創意就會源源不絕

為了給熱愛手作的孩子源源不絕的媒材，我從文具店的常客，變成五金行的老主顧，再走進量販材料店。他們的作品也不斷進階，包括用毛線纏繞免洗筷而成的彩色蜘蛛網，用路上撿拾的樹枝和特大條橡皮筋製作的弓箭，到用金光閃閃的硬紙、亮光膠帶，以及從五金行購買的木棍，所打造的各種兵器等。

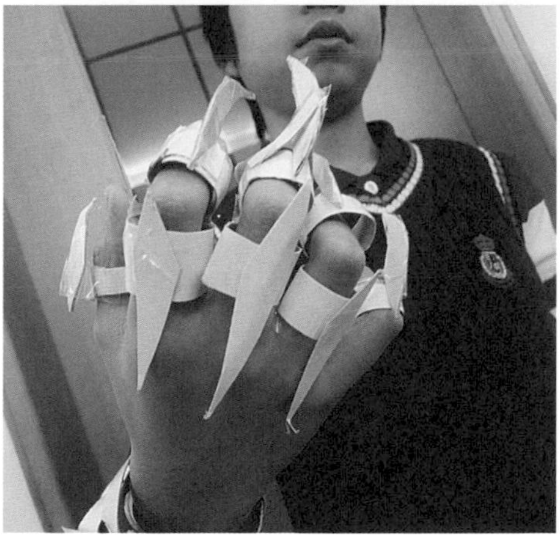

做孩子的熱情啦啦隊與頭號粉絲

孩子愈敘述就愈能看到願景，愈解釋就愈接近自己的夢想。
而父母的投入與反應，就和親親抱抱一樣，
不僅對孩子有巨大的溫暖支持力量，
更能大大幫助他「整理自己、說服自己、相信自己」。

聽孩子說自己的夢與故事

如果你的寶貝跟你們之間有很強韌的感情連結，那麼他一定會有大踏步探索的自信與勇氣，這個孩子不僅會在遊戲時將自己的心意表露無遺，如果他覺得自己的夢想夠壯麗、夠偉大，他還會積極主動的挨在你的身邊，叨叨絮絮地說個不停，說他心中的奇想、故事、心願與夢想。

咱家三個孩子成天都會問我很多稀奇古怪的問題，像做白日夢的癡漢一般，往往在我端出一盤菜、手裡拿著吸塵器、剛收完一整落的衣服時，匆促莽撞地把我攔下。

「馬嘛，你知道嗎？我能解救很多在都市裡的貓頭鷹喔！」

「是喔！」我張大眼睛。

「只要我製作出一座人工鳥巢，一定可以搭救因為在都市無處築巢而活活被摔死的貓頭鷹雛鳥！馬麻，這個計劃很重要，也應該可以實行。你覺不覺得我應該找出一個箱子趕快來製作人工鳥巢？……」

咱家動物小老師鈞鈞非常慎重其事的敘述這個想法，因為他的雙眸透出無比的認真，我自然被吸引著專注的傾聽，即使聽起來荒謬可笑，但我絕對不把它當成笑話看：「如果人工鳥巢那麼重要，又不會太難做，那你當然就去做啊！」

鈞鈞聽了興沖沖的勇往直前，結果真的在家裡搜尋到一只不要用的箱子，然後既天真又熱切地動手做了一個人工鳥巢。

而喜歡畫精工圖的凱凱從小就喜歡拿著密密麻麻的設計圖，向我仔細解釋他每一處設計的用意與巧妙之處：「馬麻，你看，這是我要建立的全自動工廠，這裡有威力強大的攪拌器，然後有各種管子來運送不同的原料，這些管子會連接到這些容器，容器會自動傾倒到大缸子裡混合，然後灌注到每一個模型裡……」

他講得興高采烈、口沫橫飛，我當然清楚那全是天花亂墜的杜撰。但是，不論他的工廠可不可能有實現的一天，每當我願意專注傾聽，都能在幾個細微處看到凱凱別出心裁又具有可行性的設計，然後我真的就會發自內心的讚嘆，接著就忍不住發問，而凱凱看到我真有反應，則會淘淘不絕的更進一步解釋。

這孩子似乎**愈敘述就愈能看到願景，愈解釋就愈接近自己的夢想！而我真的感受到我的投入與反應，就和親親抱抱一樣，不僅對孩子有巨大的溫暖支持力量，更能大大幫助孩子「整理自己、說服自己、相信自己」**，就如同表演者在每一次的展演中，必定能從觀眾的反應裡更為精準地抓到自己的定位與展演輪廓。

發自內心的讚美，讓孩子看見自己的亮點

語言的力道有時比刀子還鋒利，但是對孩子，「語言之刃」要用在正面之上，特別是和孩子最親密的我們。

語言有暗示作用，你基於父母之愛、出於本能的讚賞，就像是一股春風，能喚醒孩子沉睡中的自我認知。

如果能更敏銳、更仔細、更具體的把孩子性格、特質、潛能中特出的成分捕捉到，然後化為具體的暗示、讚賞與指引，那麼你的話語就會像一把光亮的火把，能幫助孩子把自己點亮，看他清楚感知到自己的優秀亮點，而把原本漫無目的嬉戲不斷加深、加廣，變成目標清晰的自我探索與自我教育。

根據研究：「90%在品行、意志和智力有傑出表現的人，童年時都受過來自親

人的積極暗示，最多來自母親。」而且，暗示者與孩子的關係愈親密，效果愈強；相反的，親人的詛咒則會帶來更巨大的毀滅與災難。

正值青春期的大兒子翔翔常常埋首於電腦前創作自己的推理小說，有時我經過他身邊，就會拍一下這位年輕小夥子，然後放話：「這位大文豪，什麼時候我才能拜讀你的大作啊？我快等不及了啊！」

有時候我會故意叫他「十把刀」，有時候則捏他一把，然後給他信心的一擊：「像你這麼努力寫，將來一定會比媽媽厲害好幾倍！」這孩子露出得意的笑容，又馬不停蹄地埋首於字海中，更努力、更有毅力、更有信心的繼續寫作！

對於我的動物小老師鈞鈞，每當他在社區與新的鳥種不期而遇，或者觀察到動物新的變化時，我打從內心就會自然流露出讚嘆：

「為什麼馬麻在這邊住了那麼久，從來沒辦法像你這樣看到黑冠麻鷺、白尾八哥、亮鳥，但你卻一下子就能觀察到牠們？馬麻覺得你對動物一定有很特殊的偵查能力！」

「為什麼你推測我們社區可能會出現猛禽類？那是因為你看到我們社區擁有非常豐富的小型鳥生態，吸引了猛禽類來到這兒嗎？你怎麼會想到這麼棒的假設問題？我覺得你在生物這個領域有很特殊的領悟力！」

……

從一點一滴的生活細節中，我在在捕捉到每個孩子散發出來的獨特光彩與天分，我也感恩我的生活愈來愈有趣，觸角愈來愈深廣，這全是因為孩子們各異其趣的豐富探索。因此，**對於孩子的讚美，我無法壓抑，完完全全的出於自然；而關於讚美的內容，因為確實看到孩子的用心與追求，自然能毫不含糊的具體陳述，一個一個舉出他們令人驚艷的事蹟。**

我確實能感受到我出於母愛，本著真誠、不矯飾、具體的讚賞，如何帶給孩子們意想不到的鼓舞、激勵與引導作用，順理成章的引導孩子的心智與特性，能更切入到他們天生應有的歸屬道路。

這就是我們父母的大魔法：**說光就有光，說孩子天才，他真的就是天才啊！**

問「好問題」，讓他的想法轉個彎

然而，對孩子若只有一味的正面讚賞絕對不夠，為了讓孩子在探索之路上永無止境的追尋，永遠享受自我學習、自我進步的樂趣，**我們必須在重要的時機現身，牽引孩子過度到更深層的學習，想辦法激發他們源源不絕的學習熱忱，讓他們抱有**

更遠更高的眼光，展望到更寬廣的未來。

所謂當局者迷，陷在探索叢林裡，孩子往往見樹不見林，看不清楚自己的問題，也不知道自己的局限，或者無法判斷進一步的方向，甚至無法想像是自己還可能有更棒的發展。

除了激勵、讚賞，你更必須這麼做：

- ✲ **每一個階段，對孩子的成果，做出具體、客觀的評價，**說出哪邊好，但也提出哪邊可以再加強。
- ✲ **對他手邊進行的工作，不論是動機、步驟、目標，進行「提問」，**讓他有機會回頭思考每一個過程是否需要修正。
- ✲ **想辦法讓孩子感受到自己的不足，**而且知道這些都可以藉由努力來改善。
- ✲ **讓孩子勇於做更大的夢，**知道自己值得更多的憧憬與展望。

對於手作小達人凱凱，只要他展開一個新的作品，我一定會像狗仔隊一樣，定期追蹤他的每一個製作步驟，拍攝重要的動作、材料與細部環節，因為愛孩子，是從心裡對他製作的東西感到好奇，所以總會不小心地就把以前當記者的「新聞鼻」使喚出來，腦袋裡跳出一堆好奇，一堆質疑，一堆問號，在讚美聲中，我也會見縫插針，善意提出各種挑戰：

「為什麼你想到要用這種材料？」、「這種材質感覺價值低廉，難道沒有更好的材料嗎？」、「你有找到相關的製作資訊嗎？沒有人做過類似的作品嗎？他們使用什麼工具？沒有更好的工具嗎？」

我的提問有時真的具有醍醐灌頂的作用，讓凱凱突然想到自己為什麼不改變媒材？為什麼不用更好用的工具？為什麼沒想到更靈活的設計？

於是，從原本只使用硬紙板，開始思考使用木材、鋁片的可能性；從原本使用一般性勞作用品，進展到翻開爸爸的工具箱。

好的提問，可以幫助孩子改變思考方式，試探不同的可能性，而使孩子不斷進步，從玩票性質走入專業的探究。

學李安的雜食，吸取多元的創作養分

咱家偵探小說迷翔翔從小到大就只喜歡看推理小說，而且一邊看別人的作品，一邊也忍不住發展自己的推理故事。直到國中，我看到他在閱讀寫作上的侷限性，於是很希望能開啟他更多元的閱讀胃口，然而執著於自己想法的青春期孩子是很難敞開心胸接受別人的建言的，特別是父母的意見，聽起來都很嘮叨多餘。

要怎麼來讓翔翔看到自己閱讀、寫作、見聞的不足？一味的指責與批評是一點效果都沒有的。於是，我找機會跟他聊當代他喜愛的導演、作家，讓他感受這些偶像是如何在創作上累積養分。

我分享李安的故事。李安的作品風格包羅萬象，有武俠、有西方古典、有感情戲、有科幻冒險。李安小時候是個雜食的電影狂熱分子，然而每一種風格與類型的故事，最終都能成為他創作的重要養分。翔翔聽到我的分析頻頻點頭。

有時候，我會挑戰翔翔的作品，因為文學性不足而讓可讀性、價值感變低，並且明確的指出，其中有幾段鋪陳讓人覺得不夠到位，於是鼓勵他涉獵更多文學性濃厚的作品，多多感受別人高明的手法。

作品中有些段落直指人的內心思緒，我也會告訴他，如果希望自己有能力細膩揣摩人的內心，不妨涉獵一些以「女性讀者」為主的小說或電影，才能掌握人與人之間微妙細緻的感覺，也才能描寫出真情自然的對話與互動。

翔翔慢慢感受到自己的瓶頸與限制，終於，有一天，他自己真的感受到改變的需要，竟然主動跟我說：「馬麻，我想，我現在開始二比一好了！」

「二比一？什麼意思？」

「就是看兩本推理小說，再穿插讀一本你推薦的好書吧！」

是的，旁觀者清，我們若是看到孩子的盲點，找機會用適當的方式提攜他一下，然後慢慢地、有耐性地等待著孩子自我的覺醒、自我的突破！

幫孩子找到展場和舞台

如前所述，**孩子都希望自己的天分與努力被看見、被按「讚」、被回應！**你的一句「你好棒！」夠不夠？當然不夠！想想看自己，當你在臉書上貼文被人按讚時，除了興奮，你還希望看見什麼呢？對了！你會想要知道為什麼朋友們要按讚，於是你會期望看到留言，告訴你哪邊好？為什麼好？

同理可言，**你對孩子簡單的一句「你好棒！」只是一個短暫的興奮劑，讓他頭暈目眩一下子，然後就不復記憶。你必須跟他說哪邊好，愈具體愈好，讓他清楚自己的努力方向，了解引人注目的特色在哪，掌握到自己的獨特風格。**

但是，清楚的回應、具體的讚許，這樣就夠了嗎？

如果你覺得自己的貼文夠好，你必定還會期望有人引用、分享、轉貼，把你的貼文或作品放到各種平台裡。

是的，孩子也有同樣的期盼，他希望他的思考結晶，他的作品，能公開地展示在眾人都能看到的地方，而不只是贏得一句如絢爛煙火般一閃即逝的讚許。

在家裡的牆面上、白板上、冰箱上，放上孩子的得意之作；空出一個檯面，擺上孩子的作品，好像是一個展覽館裡一處高雅晶亮的角落，用慎重而榮耀的方式來烘托出孩子的精心與巧思。

家人天天經過，在在都會感受到這個孩子的獨有天分與努力追尋；孩子不時瀏覽，好比父母的具體稱讚不斷在腦際迴響，一遍又一遍加深自我印象，一道一道刻畫出更具體明晰的自我肯定與信心。

除此之外，我還會多做一件事，那就是**好好地把孩子們的作品用各種角度拍攝下來**，因為我知道，這些作品總有一天會消失在地球上，但是我只要花一點點時間與工夫，就能永遠保存它們珍貴獨一的影像。

更重要的是，**孩子總能在這些影像中回溯自己的成長足跡，有一天當他們忘記自己可以努力，或者不覺得自己還有力量往前行走時，看看這些小時候真真實實做過的夢，也確確實實構築過成功的夢，孩子必定又能找回自己的不凡！**

當然，拍下這些照片，你當然可以選擇在網上貼一些「炫耀文」，這不只是炫耀式的分享，也是幫孩子主動找到展場，設立舞台！

▼▼▼為什麼孩子想挨近你、占用你寶貴的時間、總要向你敘述他的夢與故事？

因為你是他們最信任、最重視的對象，全世界只有你有這個榮幸，總成為他們第一個急欲發表的對象。

全宇宙也只有你有這種魔法，只要你整身投入在他們的作品與講述中，就能使他們相信自己可以改變一切、創造一切！

用好問題，引導孩子做更大的夢

我總是打從心裡對孩子的創意與作品感到好奇。在讚美之外，也常會發揮以前當記者時的「新聞鼻」，對他們提出善意的挑戰，幫助他們改變思考方式，試探不同的可能性。

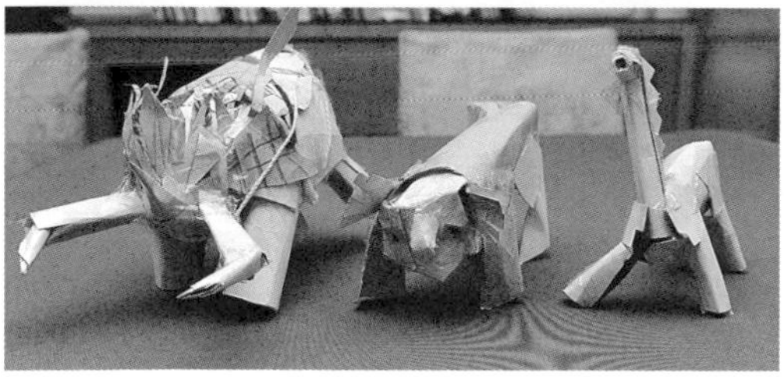

• 寵物與飼養配件、飼料的價格高不高？

對於具有攻擊性、不適合台灣水土的嬌弱生物、體型龐大的生物、食物及周邊費用較高的生物，絕對不要輕易允諾，可以藉由請教動物保育員或是蒐集相關資料，讓孩子因理解真相而自動打退堂鼓。

如果評估的結果，既不危險、也很好照顧，不致破壞生態，家裡也有很適合的空間，最重要的是，孩子有足夠的時間與能力來照顧，那麼，實在沒有反對的理由。可以在飼養前，先跟孩子打下契約，並且一定要訂定罰則：

• 必須由自己存錢購買
• 必須由自己負責餵食
• 必須每天檢查寵物箱
• 必須定期清理寵物箱

有很多小動物不占空間，也很好飼養，比如說，甲蟲、巴西龜、寄居蟹、小倉鼠、守宮、玩具小蛇……等，其實只要空出一個小檯面，一次養上兩三種都不會太費事。讓喜歡親近生命的孩子建立一個自己的小小寵物園，擔任動物的小褓姆，每天就近觀察，細心照顧，孩子不但會對生命湧出源源不斷的體悟，建立起責任感，更會把熱忱不斷延伸推演，思考研究更複雜深廣的問題。

為什麼父母都會抗拒孩子飼養古怪的小寵物？

喜歡小動物的孩子會用大人想像不到的眼光來欣賞每一種生物的趣味特性與可愛之處。甚至，在我們看來奇怪醜陋、沒有情感的冷血動物，他們也都能像對待小狗小貓或小baby一樣，流露出無比的溫柔愛心。

因此，當我們感受到孩子對這些小動物有擋不住的好奇與著迷時，不妨聽聽孩子是怎麼看待這些動物的？ 讓他們為我們好好地介紹這些小動物，試著用他們的童心之眼來重新看待牠們。

只要是孩子真心喜愛的動物，他們一定會講得口沫橫飛、滔滔不絕，而深愛孩子的我們，只要願意打開心門，用心傾聽，往往很神奇的，最後竟不知不覺地也改變了對這些小動物的成見。

但是，如果孩子進一步提出飼養的要求，你會答應嗎？

天下萬物是平等的，我們要感謝孩子扭轉我們對動物的眼光，因此，承諾孩子飼養寵物，不是因為我們大人主觀上認定這種動物可不可愛、討不討喜，而是要考慮以下幾個重點：

- 危不危險？
- 好不好照顧？
- 會不會破壞整體生態？
- 家裡有沒有足夠的空間？
- 照顧起來費不費時間與精神？

點燃專注

教孩子取捨的智慧

家有不可思議之工作狂

當孩子某種內在需求獲得了完整的發展，
他的生心理就會因為得到滿足而停止重複工作。
並且，當一種熱情消退後，另一種熱情就會起而代之。
在他們自我發展的過程中，熱切的追求心意永遠不會消退。

在對的時間，碰到對的事，就會樂此不疲

當你調整好頻率，以純粹的童心進入孩子的頻道，以真正的玩心進入孩子的玩國裡，而在Lesson 3裡該做的動作都一應俱全，百分之百，你會看到一幅非常令人動容的畫面：**一個孩子會針對同一件事情重複地做、不停地做、專注地做，而且快樂地做，孩子總是埋頭苦幹地在一件事情上打轉，看起來馬不停蹄，異常的辛苦，但整個身體卻顯得輕盈自在，滿臉散發喜悅的光彩。**

如果你真的等到這一個光與熱匯聚的時刻，那麼代表你所做的一切動作——預備環境、充當彈藥庫、示範者、引導者、做啦啦隊、頭號粉絲等都發揮了作用，天

時、地利、人和之下，水到渠成，時機成熟，**孩子在對的時機、對的環境、對的心智、對的情緒之下，遇上了對的事物，然後整顆心就掛在這件事情之上**。

回想一下，孩子是否曾經只要聽同一個故事？畫同一個東西？重複著一個單調的動作，只碰同一個玩具？只玩同一個遊戲？而你當時的反應是什麼？

或許你曾經不明就理的禁止過老做同一件事情的孩子？還是未曾與孩子這類驚心動魄的時刻相遇？現在，你不必追悔，只要用心觀察，耐心等候，當孩子在環境裡找到與其內心驅力相符相合的事物時，或者遇上他內心渴望一探究竟的主題時，父母應該不難等到一個不折不扣的「工作狂孩子」！

是的，我的每個孩子在每個時期都不斷為我印證這個理論。

老大在聲音與節奏的敏感期裡爆發的壯盛能量，我至今想到都還震撼不已。

三、四歲時，翔翔正處在聲音與節奏的敏感期，無意間欣賞了一片由卡拉揚指揮的維也納交響樂影片，從此，小子天天都會自動搬個小板凳到電視機前，站上去，拿著一根筷子，隨著螢幕中的卡拉揚，陶醉的指揮起來，而這一指，至少半小時毫無間斷。

那段期間不論早上或下午，只要有空檔，都可以看到一個自動又認真的小小指揮家，投入忘我，勤奮的程度可不輸給主修音樂的學生。

不多久，翔翔接觸到以踢踏舞聞名的「火焰之舞」影片，天雷又勾動地火，於是，翔翔又每天照著三餐放影片，自動自發地模仿起舞王的每一個舞步、臉上每一種戲劇化的表情，以及誇張的肢體動作。翔翔的一雙小腳，或快或慢或輕或重，有規律、有章法的依樣畫葫蘆，每天都跳到汗流浹背，還欲罷不能。

後來，這個喜歡節奏、律動的孩子又接觸到「破銅爛鐵」這個現代的敲擊樂團，於是，他又有了驚人之舉。翔翔每天搬出廚房裡大大小小的鍋子，嘗試敲出快慢不同的節奏組合。

如果被家人嫌太吵，他就自得其樂地把自己的身體、手臂、大腿、手掌都當成敲擊樂器來回拍打，像是跳黑人靈魂舞蹈一般，用手掌拍打身體各部位，製造出輕重快慢各種不相同的有趣節奏。

為了記錄自己創作的身體拍打節奏樂，這孩子還自創了一整套自己才看得懂的奇特符號。

重複，是因為無法阻擋的熱情與著迷

當然，不論是學指揮、學跳踢踏舞、玩節奏，這些對「樂音與節奏」令人驚喜

因為熱愛，所以樂此不疲。

在每一段學習歷程中，當孩子對一件事物深深著迷之後，就會全心全意投入。忙不迭地創作，這就是他們展現專注與熱情的最佳見證。

的追求，並沒有一直延續到翔翔長大以後，到底是什麼時候停止的，我也不復記憶，但是我清楚地看到：**每一時期，這孩子對一件事物深深著迷之後，就會整身投入，他說話的主題、遊戲的焦點，幾乎都圍繞在這個事物之上，而且他一次只會對一件事物深深著迷，比如說先是學指揮，再來是學跳踢踏舞，再來是玩敲擊節奏。**

每一次的熱情都可以延燒三、四個月以上，就好像走火入魔的練功一樣，待其動作與技巧練到純熟，彷彿融為自己的本能、織入自己的認知系統、化為運用自如的能力之後，這種追求的狂潮才會自動消退。

當孩子猛力追求的熱潮退下，不再指揮、不再跳踢踏舞、不再敲打鍋子與身體時，我不會有半點遺憾；反之，我非常欣喜，因為我親眼目睹孩子一次又一次完整經歷的「工作週期」。

這「工作週期」就是：**當孩子的某種內在需求獲得了完整的發展，他自己的生心理就會因為得到滿足而停止重複工作。而讓孩子一次又一次累積的「工作週期」，就是引導孩子「正常化」（normalization）的歷程。**

蒙特梭利說：**「如果幼兒是『正常化』的，他將出現重複練習、專心，並對所做的工作感到滿意。」**而孩子就是在這種自我選擇、無法停止的重複練習、專注工作之中，才能鍛鍊出自我的意志力與堅持度。

熱情如煙火，一朵滅，一朵起

當孩子對一件特定事物逐漸消退熱情之後，非常有意思的是，他們可不像我們這些容易倦怠又容易受挫的大人，追求的動力就此乾涸。

當孩子對一樣事物的追求達到了一個頂點、內化為自己一部分的能力之後，非常奇妙的是，他們的追求動力就像源源不絕的泉水，絕不會有用罄的一天。**只要我們用心觀察孩子，善於為他們預備環境，讓他們的生活中充滿引發探索的觸媒，他們永遠有辦法找到另一個新的追求目標。**

我參照蒙特梭利所說：「**一種熱情消逝之後，另一種熱情起而代之，因此，一個人的幼兒時期，就是一種不斷習得新能力的過程。**」這短短幾句話，說明了孩子自我成長的基本輪廓。

如果再對照先前介紹的各「敏感期」之發展特性，那麼就更能精準的抓到孩子每一次的學習爆發期。

的確，當翔翔不再指揮、不再跳舞、不再敲打鍋子之後，他就真的像和它們絕交了一般，一下子就冷淡無情。但是，開始學習鋼琴敲擊樂的他，卻出現了更有趣的舉動。

大班時，我常常看到一個小人伏在琴前，認真的記錄一顆一顆的「豆芽菜」，我觀察到這個孩子正處在「符號」的敏感期，他對「辨認符號」與「使用符號」產生了莫大的興趣，而順著他先前在「感官敏感期」裡對聲音節奏的探索基礎，毫不意外地，這孩子對符號的探索不是從「文字符號」開始，也不表現在「繪圖」之上，而是運用在「樂音與節奏」的發想與記錄之上。

像是一個瘋狂作曲家，他忍不住想把自己心裡隨意哼唱的旋律與節奏一個一個用音樂符號紀錄下來。

正如同世界上任何一種動物一樣，為了生存、為了追求在這世界上的存在價值，**孩子絕對是天生喜愛學習、自動學習、專注學習的可愛生物，而孩子也必須透過不斷地重複動作、重複思考，重複地讓感官與大腦做連結，才能形成永久的心智影像，也才能一步一步進入更深層的學習。**

▼▼▼孩子在自我發展的過程中，永遠會出於自由意志的搜尋目標，熱騰騰的追求心意永遠不會消退！不多時，他們就會找到新的愛戀目標，然後又一次的火力全開！而新的目標往往以先前鍛鍊的能力為基礎，延伸到更高層次的相關學習。

孩子一次次追求自我成長的過程，就好像天空中絢爛的煙火，一朵消失，另一朵又當空明燦。會讓在一旁陪伴孩子的你，永遠目不暇給，驚呼連連。

專注著迷的工作狂孩子！

孩子的一種熱情消逝之後，另一種熱情馬上又會起而代之。不論是從跳舞、把鍋子當樂器敲擊，或是在開始學習鋼琴敲擊樂後認真地記錄一顆顆的「豆芽菜」，翔翔都讓我見識到他一次又一次完整經歷的「工作週期」。

動手做，讓學習變好玩

當孩子先養成「一定要親自動手做」的習慣，
之後才進入他生命裡的數位科技，
不但不會取代其動手做的興趣，
反而能成為輔助他更上一層樓的「自我教育工具」。

透過雙手，開始探索環境，認識世界

一雙手，正是你孩子往外界探索以及發展創造力的最大利器。

要造就出一雙靈活巧手並不容易，也不是偶然，而是一連串循序漸進、環環相扣、一而再、再而三的操作與鍛鍊。除了大肌肉、小肌肉必須不斷被操練之外，還必須練習與視覺、聽覺、嗅覺等感官的充分搭配。

然而，**非常神奇的，每個孩子天生就對裝備自己小手的功能有著強大的內在驅力，也會為自己的小手找尋各式各樣的操練活動。**

他們第一個吸吮的物體除了是媽媽溫暖的身體之外，就是自己的小拳頭。之後，這雙小手開始不斷試探：伸手、抓握、釋放、提攜、按壓，再進行複雜的手掌心內的細部操作，再來是左右手相互協調與合作等。

從不由自主的「反射動作」到「自主活動」，從「整個手掌的運作」到「手指關節的局部動作」，隨著一個比一個複雜的動作，孩子因此能幹起來，經驗豐富起來，心智運作複雜起來。

因此，**當你看到小寶貝躍躍欲試的把小手伸向世界，請透徹明瞭這個小小舉動所代表的偉大意義：他正努力的想要進入這個世界，想要透過雙手來認識周遭，熱切地想要與豐富的環境互動。**

每一天每一刻出於自由意志的重複操練，孩子們竟然就能自然而然地學會生活，例如：自己拿湯匙、自己端碗、倒水、開門、扭轉毛巾……

透過具體操作的經驗與記憶，孩子們自我鍛鍊出一雙靈巧好用的雙手，讓他們更有本事、也更享受於各式各樣的活動，能把各種學習都當成遊戲，也把各種遊戲當成學習一般認真投入，他們因此能專注地把玩各種玩具、使用各種工具，進行試探，進行創作。

「孩子能靈活的使用雙手」與**「締造未來一生的幸福」**有著密不可分的關聯，這個說法一點也不誇張，**因為擁有靈巧能幹的雙手，他才能照顧好自己；樂於勤奮**

的使用雙手，他才有機會用雙手開創自己獨特的一片天。

正當我們如火如荼提前灌輸孩子琳瑯滿目的知識時，歐美國家卻和我們大異其趣，他們極力保護兒童與生俱來的好奇心與創意，認為**兒童的智力不應該過早被開發，學齡前的教育要以遊戲與藝術為主，十二歲之前要以「手腦並用」為要。**

瑞士教育學家培斯泰洛齊（J.H. Pestalozzi）在十八世紀時就提出：兒童時期要重視「手工教育」與「勞動教育」。德國在法律上則規定「六歲以上的孩子要幫忙父母做家事，養成勞動的習慣。」這些教育模式都與世界聞名的「認知發展理論」吻合，而這個理論的建立者皮亞傑（Piaget）主張，十一歲以前孩子處在「具體運作期」，是建立邏輯思考的重要階段，唯有在「具體運作期」奠下良好基礎，十一歲以後才可能順利進入「形式運作期」的抽象思考。

然而大人們真的把握住機會，甚至創造機會來讓孩子使用雙手嗎？問問自己，以下會不會才是你的真心話？

✲ 怕寶貝危險：不樂見寶貝使用剪刀、刨刀等各式各樣的工具。

✲ 怕寶貝弄髒：不鼓勵讓寶貝玩沙、玩土、玩泥巴、玩所有事後需要仔細清洗的遊戲。

- ✲ 怕寶貝搗亂：不由自主的就禁止寶貝翻箱倒櫃、搬上搬下。
- ✲ 怕寶貝製造麻煩：不假思索的就親自餵寶貝吃飯喝湯，幫寶貝做好所有的大小事情，因為讓寶貝自己來，既費時又會搞得一塌糊塗。

除此之外，還有一個最嚴重的問題，也就是：

- ✲ 怕寶貝吵鬧：因此，你會不會很習慣用五光十色的電視、電腦、電玩、手機來陪伴寶貝呢？因為如此一來，孩子便能永遠閉嘴、不會亂跑亂跳，讓你耳根大大清靜，也不再需要耗費心神來陪伴孩子，輕鬆又省事。

數位世界讓人從善用雙手，退化到只用一根手指

愛上電腦電玩手機的孩子絕少會想要再回頭，不會再想好好使用他們的小手來多方探索真實的世界，以及從事各式各樣的創造活動，因為數位科技總是千方百計地讓使用者下不了線、關不了機。

然而，請你仔細想一想，當你在使用電腦時，手指是如何動作的？基本上，你可只動用了幾條肌肉而已！而當使用智慧型手機時，你更只動用到一根手指頭的指腹部位。

在數位資訊時代，孩子的探索途徑與學習方式必定有所變革，也必定得大量仰賴網路與資訊科技、視聽多媒體，勢不可擋。但是，**若讓孩子過早進入螢幕世界，等同於把他們的小手隔絕於多方嘗試、多方鍛鍊的各種可能，這會硬生生的讓孩子錯過以雙手探索外界的各種機緣，而使他們失去以雙手操作與創作的樂趣。**

讓孩子成為滑滑一族？這一定得先hold住，愈晚愈好！讓孩子跳過使用雙手的自然發展，就等於直接在孩子豐富的探索行程表上畫上一個大大的「×」！

請讓孩子用雙手來解決日常生活中的大小事情，幫忙做家事，撫摸大自然裡的各種生物，練習使用各種工具，把玩各種玩具，進行操作，創作與實驗。

虛擬國度裡，沒有「手腦並用」的模式

孩子的雙手往上連到我們的大腦，往下則是空無一物，但是**只要孩子願意使用雙手，他們絕不可能讓雙手之下空無一物！因為，他們的小手總是想盡辦法，用具體的動作：觸摸、繪圖、拼湊、組裝、挖掘、按壓、切割、裁減、黏貼、捏塑、堆砌……，忠實的映現出大腦裡的思考與圖像。**

因此，**當你看到孩子勤奮的使用雙手時，要把雙手看成是大腦的延伸體。運用一點想像力，你所感受到的將不只是孩子在使用雙手！大腦裡的神經元正活潑的激**

盪著、連結著。

你看過現在當紅的3D影印機吧？現在，請你把孩子千變萬化的雙手想成那部立體掃描器，然而，比起只會用同一種力量、同一種運動方式來回掃描的機器，孩子的小手可是更加厲害，他們的小手總不斷偵測大腦的構思與想望，然後用千變萬化的姿勢與力道來體現大腦的構思。

「手腦並用」這句話是有科學理論的，因為**手部是眾多感覺的反射區域，也是運動神經集中之處，在大腦裡面有一個專門接受來自皮膚和肌肉部位刺激的「體性感覺區」，其中有二十五%就是來自於雙手的皮膚和肌肉。**

在幫助老人恢復智力的復健運動中，有許多都是在訓練他們手與腦並用，比如說將不同顏色的豆子挑出來分類，或者是讓老人從事編織、剪紙、捏塑等需用手與腦密切合作的活動。這在在說明，**讓手部多方面的依據大腦思考來做相關的運動，絕對具有活化大腦的功效。**

但是請注意，不經大腦思考的手部機械動作並不會有相同的效果，而是**要一邊思考、一邊使用手部各種肌肉的「手腦並用模式」，才具活化大腦的功效。也就是讓手部當成建構器，按照大腦的設計藍圖來施工，而雙手愈常針對「全新」的藍圖來施工，對大腦的活化愈有幫助，**因為這代表雙手要不斷偵測大腦翻新的思考活動，重新協調運動。

如果孩子的一雙小手很早就滑進了資訊數位世界裡，靠著毫不費力的動作，就能完成建構歷程，並且很容易的就在虛擬世界裡找到反映其大腦思考的建構資訊，那麼，他們的一雙小手便不會再願意費力的操作與具體建構。

於是，**久而久之，從「大腦延伸到手部、再從手部創造出作品」的這條建構通路，就會因鮮少使用而滯塞不通、失去活性，最終荒廢無蹤。**

其實，當我們為孩子預備好環境、預備好可以建構的各種零組件、媒材、工具、器材，孩子自然而然的，就會依據他們的內心想望、想像，開始使用他們的小手。

不過，這雙小手並不是一開始就如他所願的靈巧好用。一開始，他們用雙手建造出來的東西多半都很粗糙、很原始，甚至滑稽醜陋至極，這個時候，**請你務必調整自己的眼光，把孩子當成正在起步的學徒，把小手當成笨拙的新手，但請在不成熟裡請看到他們別致的童趣，在孩子的不斷嘗試中看到他們願意嘗試，甚至是努力不懈。**

一步一腳印，只要孩子願意思考，更願意用雙手把思考化為具體行動，而且持續地將「使用雙手」變成一種習慣，一種學習方式，那麼，當某一天你回頭一望時，就會在孩子推陳出新的作品中看到他們的脫胎換骨：**雙手不再笨拙，思考提升至精密。**

善用網路，它就會是最好的老師

從咱家凱凱的成長脈絡中，我特別能感受到他夠透過「使用雙手」提升思考力的進化軌跡，我想我能做的，就是一開始先儘量延後他變成迷網族、低頭族，讓他內心的「缺乏」與「渴望」化為一股具體創造的動力。

從無拘無束的發想、自由塗鴉開始，凱凱試著使用硬紙板、紙材來把躍然紙上的圖像立體化，然後再進展到使用木材、金屬材料；從一開始的純外型揣摩與塑造，到加上簡單的機械運轉原理，我看到一雙原本笨拙的小手，憑著滿腔熱血，製作出一個個粗糙的小作品，到現在，凱凱所有的手作品，完完全全超越我這雙大手的能耐。

而到此時，我才大大方方地將數位資訊科技引入他的手作世界，我發現，「在具體世界裡探索與創作」的這雙小手，早已養成「一定要親自動手做」的習慣，凱凱做出了興致，做出了成就感，**現在才進入他生命裡的數位科技，不但不會取代其動手做的興趣，反而成為輔助他更上一層樓的「自我教育工具」。**

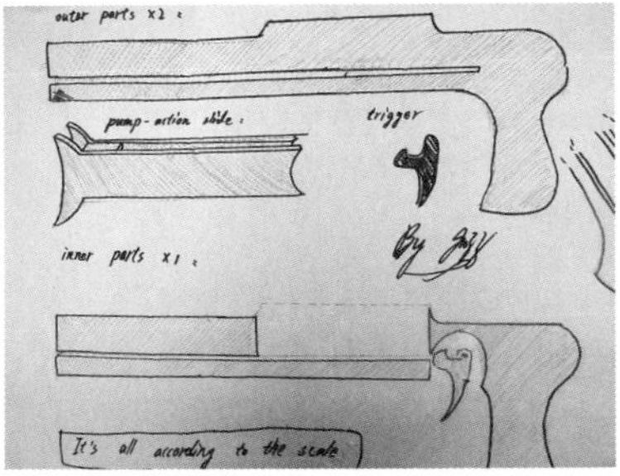

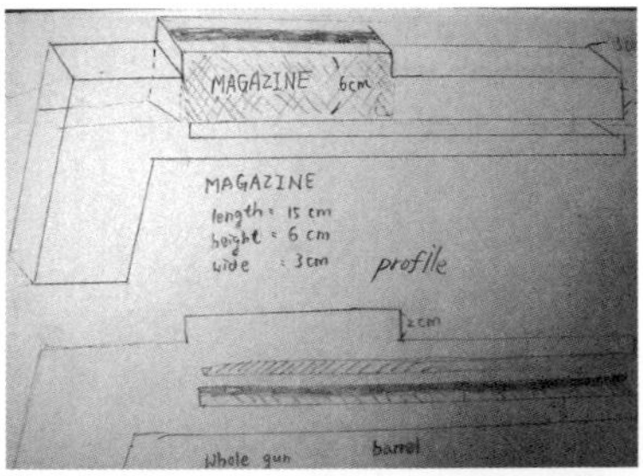

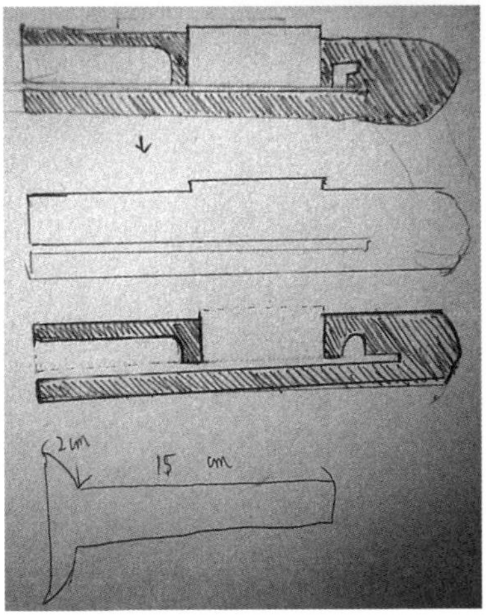

上網學手作！

從製作最簡單的竹槍開始，凱凱上網拜師學藝，並自己加以改良、設計、繪圖，製造出可以五連發的玩具木槍。

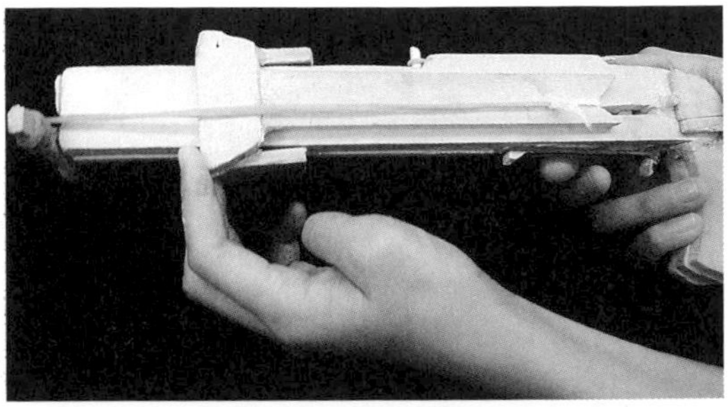

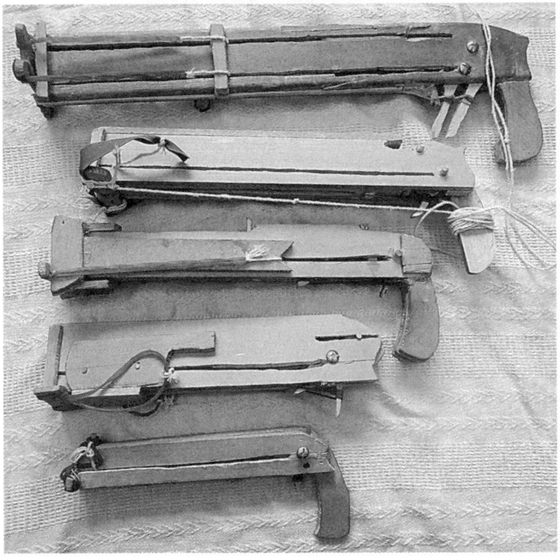

我常常問凱凱，為什麼設計出來的作品愈來愈有趣、功能也愈來愈好？他說，不斷上網查詢新的資訊，觀摩別人的作品，從模仿別人的作品不斷改造，不斷創新，不斷加入新的材料、新的元素，使他覺得「手作」這個領域永遠有取之不盡的好玩題材，愈做愈停不下來。

凱凱也常常與我分享他觀摩的網站，裡面的「手作達人」就像他的私人師傅，給他很多啟發。這些前輩大方地展示自製模型，並分享製作步驟，凱凱連該用什麼工具、選擇什麼材料，都和這些同好前輩討教。

豐富的數位資訊讓凱凱見識更寬廣，他愈來愈懂得透過蒐集別人的作品、分析別人的製作步驟，來進行改造與創新。

我常常看到他一遍又一遍的認真觀看製作過程的影片，然後一一記下筆記、繪圖，接著，試著繪製自己的設計圖，然後就一頭鑽進實際製作的繁瑣程序中。

但是凱凱似乎一點都不覺得厭煩和疲累，相反的，凱凱一旦開始手做，就完完全全的沉浸在手作世界，旁若無人。他可以安靜閉關在房內好幾個小時，鴉雀無聲，常常讓我忘了這孩子的存在。

有時候我做了好吃的點心喊他，他卻專注到完全沒聽見；把食物送到他眼前，他竟然忙到無暇品嘗半口。

凱凱總是跟我說，請不要幫他安排任何才藝課，暑假更不要報名參加任何夏令營，因為他的腦海裡有很多設計圖，等著他一一變成現實。他幾乎一整個童年都沉浸在手作的樂趣中，每天忙得團團轉，時間永遠不夠用！

網路和手機是工具，而非玩具

在孩子尚未在真實世界中對準自己的探索題材之前，我不僅不鼓勵頻繁的使用數位產品，甚至會刻意地讓孩子們保持距離。然而，**當我確定他們一個個都在真實生活中找到散放熱情的焦點，並且把數位產品視作工具而非玩具時，我的態度則一百八十度大轉變。**

孩子的興趣在哪裡，學習就在哪裡，他們一定會想要看更多，了解更多，疑問也愈多。迫不急待想要解決問題的孩子，一定會擋不住地想要找到答案，四處尋覓可以諮詢的對象，搜索可以觀摩的作品、故事，以及別人的看法與討論。

上網搜尋資訊、圖片、影片，確實是最省力、也最有力的自學方式。

當我開放ipad給孩子使用時，果真，沒有人沉迷於電玩，甚至根本不碰電玩，也沒有人在臉書或社群裡過度流連，因為，**數位產品與網路世界在此時對孩子最大的意義，是它們可以幫忙解決在真實生活中的學習疑問。**

它們是工具，而非玩具。

每當鈞鈞親眼看到或是閱讀到一種稀奇古怪的動物時，最快速辨認的方式，就是上網搜尋相關的圖片或影片，從外型、聲音、習性、生活環境等來確認動物。

上網查詢已經讓鈞鈞好幾次成功地辨認出社區的鳥種，這一次一次的經驗讓他知道；**學習，不只有在學校；問題，也未必一定只能問爸媽與老師；資訊，更不只限於平面的文字或圖片。**

只要有疑問，隨時隨地都可以上網查詢，隨時隨地都可以自我學習，不僅藉由閱讀說明的文字，還可以使用多感官，多方面去感受影片中的動物呈現。

有一次校外教學時，鈞鈞的班上到一個生態公園參觀，恰巧看到一隻可愛又特別的青蛙，解說人員說牠是「斯文豪氏青蛙」，叫聲非常特別，就像鳥叫一般，一般人聽到牠的聲音，會很納悶，為什麼聽到鳥叫，卻找不到鳥？

真可惜，當天那隻斯文豪氏青蛙悶不吭聲，不想一展歌喉，於是鈞鈞就把好奇心帶回家。一進門，就上網聆聽「斯文豪氏青蛙」的叫聲。果真，一聲聲鳥鳴從眼前青蛙的影像中傳了出來，真是特別！

還有一次，鈞鈞在樓下散步時，看到兩隻和「夜鷺」極為神似的鳥種，正驚喜地以為社區出現了「夜鷺」之時，竟發現牠們嘴裡叼著蚯蚓，夜鷺可是不會吃蚯蚓的啊！

於是立刻飛奔回來，請我幫牠拍下照片，然後回家上網對照。然而，在茫茫網海中，要如何大海撈針，對應到牠們的真正名稱呢？

鈞鈞想到一個辦法，他拜託我把照片上傳到網路，邀請能辨識的自然界朋友幫我解答。果真，不出兩個鐘頭，一位荒野協會的朋友立刻回應說這不是「夜鷺」，而是「黑冠麻鷺」。因為鈞鈞懂得利用網路，鍥而不捨，讓媽媽我又跟著多認識了一種鳥種。

像這樣，透過網路自問、自查、自學的經驗實在不勝枚舉，而我也愈來愈感受到媒體科技為「自主學習」帶來的巨大契機。

只要先鞏固孩子對真實世界堅定的熱愛與好奇，並在使用的最開始，訂定家規、設定使用時間、做好一定程度的監督，其實，在這知識日新月異的時代，數位科技與網路世界，對學習模式千變萬化的E世代來說，真的是最即時而有效的工具，能迎合不同個性、不同興趣、不同學習風格的各類孩子之需求。

翔翔從小四開始對魔術著迷，所有的魔術技法，以及對魔術道具的認識，都是透過上網自學。不論大師或是素人po上網的魔術影片，只要奇特有趣，都成為翔翔自學的素材。

在著迷程度達最顛峰的小六時期，翔翔總是利用分分秒秒被分配到的上網時間，不斷重複觀賞自己鍾情的魔術，然後再一遍一遍的揣摩練習，兩、三年內自己學會上百種魔術。

最新穎的魔術多半是從美國起始的，因此，翔翔為了學會這些魔術，也得逼著自己耐心聆聽英文解說。我非常訝異的是，不斷在網上觀摩外國人變魔術的翔翔，竟然英文聽力因此大大進步，甚至還能在外國朋友面前使用英文來表演魔術。

我問他為什麼能那麼順暢地用英文表演魔術？他說：「我查詢的魔術影片都是用英文解說啊，很自然地就能模仿啊！」學魔術兼學英文，真是一舉兩得！

▼▼▼ 數位工具在妥善的使用下，具備極大的創新教學潛力；需要展演舞台的孩子，還可以利用免費的平台製作自己的網頁、部落格、粉絲頁，以揮灑創意，表現自己，或是記錄專業的觀察與蒐集儲存資料。

針對熱切的自主學習者，這些新興數位科技實在提供了無窮無盡的功能與機會。你可以善加利用的是：

- 教導孩子利用關鍵字查詢資訊、觀摩影片。
- 幫助孩子運用「知識詢問的功能」解決問題。
- 透過具有不同專業背景的網友、臉友來解決疑問。
- 引導孩子進入自己有興趣的教學網站、專業網站，成為固定的會員、學員。
- 讓孩子在網路上與興趣相同的朋友切磋討論、相互觀摩。
- 鼓勵孩子學習使用相關軟體工具，做文字紀錄、圖像繪製編輯、影音保存與剪輯。
- 若孩子行有餘力，可引導孩子正向的使用網路平台，發展自己的展演舞台，揮灑創意，表現自己，累積有深度的自學觀察紀錄或學習成果，而非僅限於社交與遊戲。

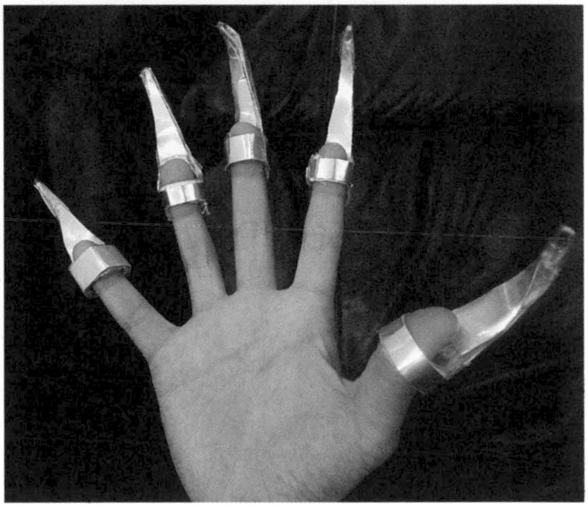

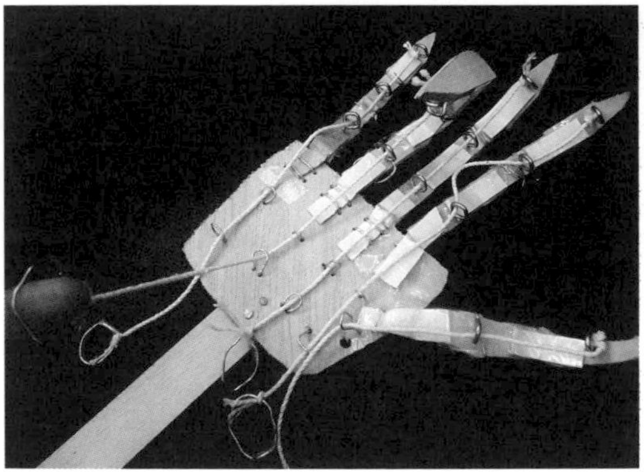

雙手真是萬能的！

從不由自主的「反射動作」到「自主活動」，從「整個手掌的運作」到「手指關節的局部動作」，孩子因此變得能幹、經驗豐富，心智運作也隨之複雜起來。

興趣在哪裡，學習就在那裡

孩子之所以不斷投身於相同的活動，
是因為大腦的多巴胺不僅讓他幸福開心，
而且藉由一次一次的重複工作，
更完成了自我鍛鍊與自我精進的任務。

我家沒有資優生，只有樂在興趣中的孩子

每當看到凱凱渾然忘我的整身投入在自己的手作世界中，我便湧上一股悸動。是什麼神秘的力量讓這個孩子如此安靜專注的工作，又堅持到底？其實，在三個孩子身上，我都曾感受過這樣令人動容的時刻，在鈞鈞觀察生物時，翔翔從事創作時，也同樣顯現著無可動搖的執著與投入。

有人問我，咱家三小子一定都是資優生吧？錯！三個孩子在小二的資優鑑定中，不僅敗陣下來，而且ＩＱ的分數顯示他們都極其平庸。三小子既不資優，也不績優。

因此，我相信，**再平凡的孩子也都一定能經歷「自我專注、執著到底」的時刻，只要他們在預備的環境中能遇見「真愛」的題材！**

小時候試著作曲的老大翔翔，進入高年級之後，把這股無法抑遏的創作力投進了偵探小說寫作。記得在五年級升六年級的暑假，翔翔整天都埋在案頭創作小說，常常看到他坐在電腦前，一會兒仰天，一會兒歪頭，一會兒自言自語，靈感一來，一個小學生可以寫上三、四個小時而不覺疲累。

暑假結束時，他終於完成了第一篇自己的中篇小說，八、九千字的「蜘蛛教疑雲（上集）」，他把它當成暑假報告交給導師，導師驚喜之餘，特別把「暑假作業獎」頒給了翔翔。

到了六年級寒假，翔翔決定要把「蜘蛛教疑雲（下集）」也完成，無奈寒假實在太短暫，整個寒假都投入了寫作，翔翔還是完成不了。

畢業前幾週，導師突然提醒翔翔：「別忘記，你的寒假作業還沒交喔！」翔翔則回答老師：「我一直都在寫，絕對沒有忘記，只是想要寫的故事太長了，一直寫不完！」

畢業前三天，翔翔終於完成了一萬多字的寒假作業「蜘蛛教疑雲（下集）」，並且用軟體繪製了精美的封面，又有模有樣地加上目錄以及人物介紹等頁面，仔細慎重地裝訂成一本。

導師收到之後非常感動，她跟翔翔說：「很高興你最終還是完成了，只是很遺憾的是，我沒有辦法再頒給你『寒假作業獎』，畢竟已經過了時效，老師要做到公平。不過，老師真的很驚喜，你一定要繼續寫下去喔！」

其實，得不得獎根本不重要，翔翔在這個過程中，如此投入，如此享受，把自己的創意具體呈現的過程，就是最棒的自我獎勵，我相信即使拿出一百萬要這孩子歇筆，都絕無可能！

無論是凱凱玩手作、翔翔寫偵探小說或是鈞鈞專注地觀察生物，我都注意到他們無可自拔的不可歇止，整張臉散放著奇妙的神彩，眼神裡透著喜悅燦光，那曼妙動人的勤奮身影，真的讓我這個大人打從心裡佩服，我深信，每個孩子一定天生都擁有這樣的執著力，也必定能展現過這樣的身影。

我好奇著：孩子在這些時光裡，心靈是何等光景？產生了什麼變化？

終於，我找到了可以反映他們專注狀態的心理學現象——**神馳（flow，也稱心**

流）。

「神馳理論」是由美國心理學家奇克森特米海伊（Csikszentmihalyi）所提出，他發現：**當人們埋首於自己有興趣的工作時，思考澎湃活潑自由，心靈能量飆到最高點，感受到自己強大的力量而無法停歇，世界彷彿只剩下他自己以及手邊的工作，時間停止了轉動，也忘了自己身處於何處，深深陶醉其中，心裡湧出莫可名狀的喜悅歡愉。**

經歷「神馳狀態」的孩子不需要任何的外在酬賞，也不需要大人給予威脅利誘，因為當他們不受限制地做到了自己想做的事，所嘗到的「極度歡愉感」就是最好的獎勵。

隨著本書的每一個學習探索旅程一路走來，若你願意真正的在每一個過程中充分預備，盡力支持，應該很快就能捕捉到孩子進入「神馳狀態」的曼妙身影！

快樂學習的荷爾蒙會令人上癮

你一定會好奇，當進入神馳狀態時，人類的身心靈到底產生了什麼樣的變化，而讓人有止不住的歡愉充實感？瑞典科學家阿爾維德・卡爾森發現了一種腦內分泌物，專門負責大腦情慾、感覺、開心與興奮的傳遞——**多巴胺（Dopamine）**，這個重大發現讓他贏得了二〇〇〇年的諾貝爾醫學獎。

多巴胺是一種腦內傳導化學物質，負責傳遞快樂、興奮的情緒，因此被稱作「快樂物質」。

一個人沉醉在自己喜愛的工作中時，就彷彿陷入了熱戀，或像是各種型態的上癮，因為此時能使大腦增加多巴胺的分泌，因此使人產生難以抑遏的興奮感與幸福感。

當人嘗到此極度美好的感覺時，便會忍不住一而再、再而三的嘗試與追求，最終身陷其中而無法自拔，也就是「成癮」。

要體驗至高無上的幸福感，要促使大腦分泌多巴胺，何須敗壞身心的去吸毒？只要從事自己真正熱愛的工作，讓大腦有機會進入到「神馳」的狀態，就能使大腦活絡地分泌多巴胺，效果正如同吸毒一般神奇，令人飄飄欲仙，這會讓人忍不住的一再投入類似的活動。

為什麼一個孩子要不斷投身於相同的活動？因為大腦的多巴胺不僅讓他幸福開心，而且藉由一次一次的重複工作，更完成了自我鍛鍊與自我精進的任務。

能在快樂愉悅的正面情緒中專注於一事，又不需要外在的任何報酬而不斷重複的自我操練，最後達到精熟的境界，這樣的學習怎麼會不快樂？有這樣體驗的孩子，又怎麼可能不熱愛學習呢？

其實，有時當我在寫作時也曾經歷「神馳」的狀態，往往靈感一來，就如火如荼的無法停止，幾個小時忽焉過去了也渾然不覺。

只是，當自己成為旁觀者，貼近觀察自己心愛的孩子時，才真正感受到「神馳狀態」無可阻擋的強大威力，竟能把比我幼弱、平日嘻笑胡鬧的孩子們，一個個都變成了「工作狂」！

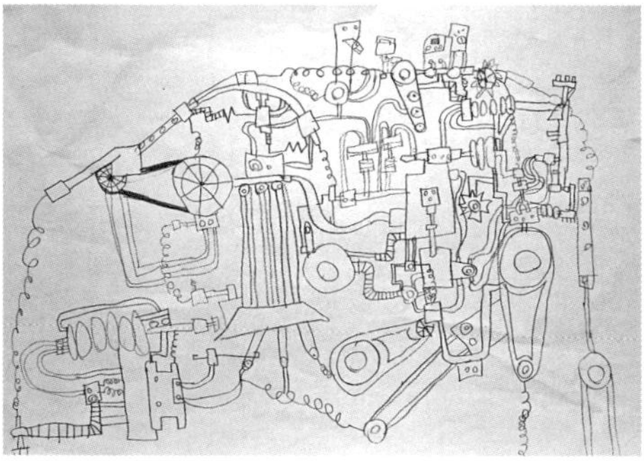

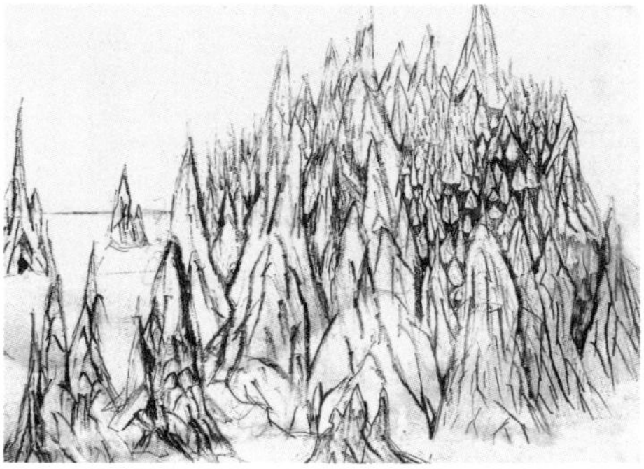

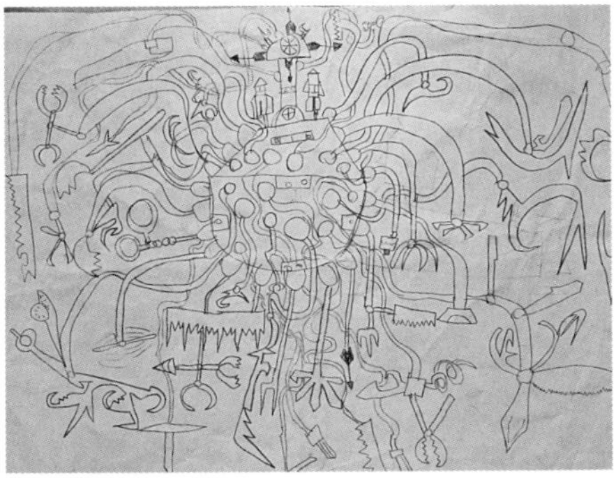

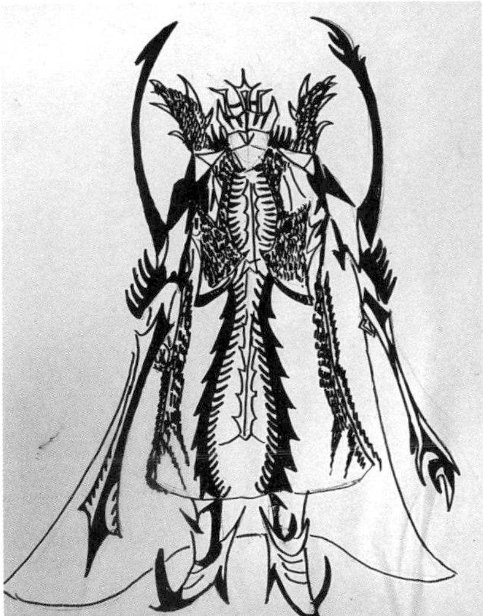

因為熱愛，所以樂此不疲的創作。

當孩子投入自己真正熱愛的活動時，就會進入「神馳」的狀態，專注於一次又一次的重覆工作，完成一件又一件動人的作品。

- 數位產品置於客廳等公共領域。
- 切實執行臉書的規定：十三歲以上才可申請使用。
- 如果可以，十四歲以下臉書密碼由父母管控。
- 只提供簡單型手機，不可上網。
- 絕不幫忙孩子支付超額電話費。
- 回到家之後，手機由父母保管；做功課與睡眠時禁止使用手機。
- 父母以身作則：不放任自己過度使用手機與迷「網」，成為孩子模仿的身影。

為什麼我家孩子沒事只打電動、上臉書？

世界上任何有趣的遊戲與活動幾乎已無法與電玩抗衡，孩子的意志力都很薄弱，沒有人能抵擋電玩網路的強大誘惑。在孩子接觸數位媒體時，請把握兩個重要方向：

1. 儘可能的讓孩子延後進入數位世界，儘可能的引導他們先以五感接觸真實的世界，讓他們搜尋、觀察、參與及操作，累積在真實世界中各種難以被取代的觀察、參與及實作的經驗。

2. 在孩子一開始接觸數位產品時，先讓他們接觸其「工具性的功能」，而非「娛樂性的功能」。比如，可以引導他們針對自己感興趣的主題查詢資料、圖片或影片，體會數位媒體的強大資訊功能，或者教導他們善用軟體來儲存資料、整理資料、做文圖編排及影音剪輯。

若能把握這兩個原則，即使孩子逃不過電玩網路的誘惑，但絕不可能沉迷，因為他們會繼續憧憬著實體世界中更豐富深刻的活動；數位媒體不但不會阻礙他們對實體世界展開熱情，反而成為探索行動的延伸與後盾，成為孩子自主學習與自我展現的最大利器。

然而，孩子的自控力尚不成熟，絕對需要嚴明的家規與罰則來幫助他們遠離成癮，請做到以下幾點：

- 限定使用時間：比如週間一天三、四十分鐘，週末一至兩小時。
- 為家中的電腦、iPad設定密碼，透過父母來開機使用。

走向自信、自律與自由

讓孩子成為他天賦藍圖的主人

狼爸虎媽也打不出「自我鞭策」

要讓孩子學會為目標而努力，耐心練習、努力追求，藉由操練他自己選擇與熱愛的事物，必定是最有效果的方式。因為這種自我鞭策並非一時恐懼於大人的脅迫與處罰，而是源自孩子內在恆久的渴望與熱愛。

孩子比你還懂「天下沒有白吃的午餐」！

一個嘗過「神馳」甜頭的孩子絕對會上癮，就像每天都得喝上一杯咖啡一般，無可自拔地重複追求著這種深沉的自我陶醉感。一旦孩子踏上重複的過程，正是進入勤奮的「自我操練」階段。

喜愛籃球的孩子一有空閒就跑到球場練習投籃，汗流浹背卻不覺時光飛逝；喜愛玩組裝積木的孩子，為了建構自己嚮往的機器人，可以忍受好幾小時的靜默不語，恍若與世隔絕；手指在琴鍵上流瀉飛馳的孩子，一遍又一遍的雕琢著每個琴音，直到自己與樂曲流暢合一，方能罷休。

但是你可能會說，那是因為孩子在玩，當然不知道累啊！

是的，孩子就是必須經歷這種「不知道累」的過程，才可能自動自發地忍受冗長又繁重的練習過程，才可能盡情釋放童年裡珍貴而無限強大的能量。

在這個過程中，請你儘管卸下狼爸虎媽的凶惡嘴臉，大方丟掉手裡的棍子鞭子，因為你孩子自己就會緊握著更強韌有力的鞭子，自我監督。在有興趣的領域，漫不經心的孩子也會轉性成一個不折不扣的「完美主義者」，巴不得做到無可挑剔。

藉由這自動自發的辛勤耕耘，孩子們不斷提升自我的能力，終於把自我引導到一種駕輕就熟的「精熟」境界。此時，他們身心洋溢著篤定感、充實感、自我成就感，完全感受到自己就是掌控自己的舵手、引領自己的主人。

這不只是一種感受自我的能力、挑戰自我極限的境界；更重要的是，**你的孩子因而能自然而然地體認到「努力」的價值，非常確定「精熟」可不是憑空而來，確實是得靠著自己一點一滴的努力累積而來，這是一段自我證明「天下沒有白吃的午餐」的過程，再懶散的孩子也能由此明白這個人生道理。**

這也是為什麼每當我看到翔翔埋首在自己的小說創作之中；凱凱把房門一關，創造自己的手做作品；鈞鈞在嚴冬中起個大早，觀賞社區鳥類生態時，我完全不加以打擾、樂見其成的緣故。

因為，**他們正在學習人生中極為重要的功課——體認「努力不懈、堅持到底」乃是達到「精熟」的唯一金鑰，他們不但在享受「發揮自己能力」的樂趣，更藉此鍛鍊出自我的堅持度**。

當然，你也可以效仿狼爸虎媽，以非常手段來威逼孩子朝著你為他設計的目標精進，而且效果絕對顯著。但差別是，**一旦鞭子不見了，你的孩子也會停止前進**，因為前面並沒有真正吸引他內在動機的目標，他之所以快步前進，乃是因為害怕你的鞭子重重抽下。

相反的，你更可以拿著紅蘿蔔在他前面晃蕩、誘惑他前行。但是同樣的，**紅蘿蔔送完了，孩子的遊戲也就玩完了**。

鞭子與紅蘿蔔，都是外在的力量，孩子的內心從頭到尾都沒有被餵養飽足，除非他們自己拿著鞭子，自己餵自己吃紅蘿蔔。

「精熟」本身帶來的成就感就是無可取代的紅蘿蔔，而沒辦法達到自己理想的境界，心中的「缺憾」就是最具威脅性的鞭子。

要讓你的孩子學會為目標而努力，耐心練習、努力追求，那麼藉由操練他自己所選擇、自己所熱愛的事物，必是最有效果的方式。因為**這種自我鞭策絕不是一時**

恐懼於大人的脅迫與處罰，乃源自於孩子內在恆久的渴望與熱愛。

瓶頸是逗點，不是句點

然而，你可能會疑惑，我所描述的經典「完美小孩」怎麼從未出現在你家裡？倒是那個曾經吵著要學鋼琴的孩子，如今卻因為不再自動自發的練琴而惹你厭煩？那個數學頭腦特別靈光的小子，現在一寫起數學作業就拖三拉四的讓人大動肝火？

孩子真的從未自動自發的練琴嗎？想想看孩子與音樂相遇時天雷勾動地火的眼神？他們的小手豈是你拖著去鋼琴老師那兒的呢？

孩子從未享受解題之樂嗎？想當初那個一碰到益智問題就自動做起「頭腦體操」的小子，他們如何一閃動靈光的眼眸就蹦出答案呢？

某些領域的學習雖然在一開始極其誘人，但是要有所精進，學習之路就顯得特別辛苦，孩子要在這些艱困的領域中抵達「神馳」的境界也必然是加倍的曲折與艱辛，「未經一番寒徹骨，哪得撲鼻梅花香？」正是這些領域的寫照。

人生經驗有限、耐受力在一定範圍內的孩子並不會理解，他們需要再加把勁才可能體驗到自己能力的巔峰狀態。因此，他們確實需要你的指引、拉拔與督促，才能有機會在這些艱苦的領域理領略「精熟」的滋味，經驗到「自我實踐」的無上樂趣。

而也唯有幫助孩子加一把勁，品嘗到「精熟」的甜頭，才能增強他們主動反覆練習的內在動機；累積愈多「精熟」的經驗，就愈能讓他們理解到自我鍛鍊的必要性。有一天，隨著孩子的心智成熟，耐受力增強，他們必定能夠發展出自我要求、自我鍛鍊的紀律性。

你的責任，可不只是要看出孩子的熱情與潛力所在，更要在困難的領域或者困難的階段，適時伸出援手，幫助眼界有限的年幼孩子們不斷累積「精熟」的經驗。

在這些困難的領域中，你必須加倍的耐心守候，直到孩子真正體驗到「精熟」、感受到具體的成果時，他們必然會生出一種強大的動力，鞭策自己加倍努力，而皇天不負苦心人，在愈困難的領域、愈困難的階段，孩子所衍生出來的自我鞭策能力也愈驚人、愈加強大。

▼▼▼只要孩子在某些領域展現了特別的興趣或潛能，而你懂得循循善誘，他們多半並不會排斥你適度的協助。

比如，幫著孩子一起規劃練習的時間，提供他專心練習的環境；當他們遇到瓶頸時，幫忙他們找到問題所在與解決方法；協助他先達成一個一個小目標，再連綴成一個一個大目標，循序漸進的體驗自我實踐的充實感。

有自信，才能更快樂的自主學習

孩子充足的自信，
會將他塑造為一個知行合一的「行動派」。
並且因為不斷感受到自我精進帶來的愉悅與充實，
使他在人生早期就能成為勤奮的「實踐者」。

考不好，人生依舊是彩色的

我家三個小子的學業成績並不算頂尖，大考小考往往也有慘不忍睹的時刻。每次我看到不盡人意的考卷，難掩失落與遺憾，但小子們卻絲毫不受影響，看來，分數似乎不太能打擊他們的自信，難以動搖其堅實的自我認知。

「考差了怎麼媽媽比你們難過？」我問。

「除了考試，我知道我自己最能做什麼，最在乎的是什麼，所以沒什麼好傷心的！」

原來，小子們的自信心不是建築在分數之上，而是勾引他們真正興趣所在、讓他們發自內心主動探索、不假外力威逼而願一心追求的領域。比如，考得好考不好，翔翔都懷抱著熱烈之愛投入於魔術演練與小說創作之中，那是真正引他全力以赴又神馳嚮往的祕密花園。

而凱凱總在小考大考前的空閒時間，精心製作他設計的各種模型器械，那些可不是要做給老師打高分之用的作品，但卻是他最在意、最用心、最講究、最投入的「自我考驗」，每一次作品的精進，都讓他的自信指數大躍進。

鈞鈞常常對相似的國字分不清、記不牢，但是當他瞥見一隻漂亮的鳥，卻一定會想盡辦法分辨清楚到底是畫眉鳥、赤腹鶇，抑或其他的外來種，鍥而不捨地追根究柢。

而當他頭頭是道地為我介紹他發現的新鳥種時，我的確看到他臉上射出的自信光采，隨著能辨認的鳥類愈來愈多，亮度也愈來愈強。對社區鳥種瞭若指掌的他，自信心的連結不在分數，而是他親眼能辨認各種生物。

很慶幸三個小子在小學階段都能經由一次一次的「精熟」經驗，體驗「神馳」的醉心感受，最重要的是，我感受到他們在學習與追求中，得到無以名狀的樂趣，看到他們因而建立了堅實的自信與自尊，知道自己是誰，喜歡什麼，能做到什麼，而這，不就是自主學習的重要起步？更是終其一生熱愛學習的基石！

孩子的自信，不是來自父母虛偽的讚美

孩子對自己能產生不可動搖的自信，絕不是因為得到別人的讚美，而是他確確實實知道自己的能力所在，長處所在，也就是「自知之明」。你以為只有大人能分辨虛偽與真誠？錯！**如果你想藉著不斷稱讚孩子來提高他們的自信心，但是實際上孩子卻對應不到自己的能力所在，那麼，你如泡沫般的虛偽美言，最終都會被孩子一個個戳破！**

相反的，一次又一次真實的「精熟」經驗，不僅讓孩子體驗到追求過程的無窮樂趣，同時，因為感受到自己能力的提升，因此，不假任何人開口美言，孩子就能自動建構出絕不會貶損的「自我認同感」。

每一次出於「自由意志」燃起的探索熱情，讓孩子進入擋不住的「追求過程」、體驗到無以形容的美好「神馳」感受，因而會自動自發的「反覆操練」，最終，在某個領域或某種能力上達到了「精熟」的境界，至此，孩子能明確感受到自己能力的提升，而建立起堅實的「自信」。

他充足的自信，會把他塑造為一個知行合一的「行動派」，只要好奇心被燃

起，他已養成習慣告訴自己：Just do it！做，就對了！

並且，**因為不斷感受到自我精進帶來的愉悅與充實，使孩子在人生早期就能成為勤奮的「實踐者」**。

他的生活學習態度會是：Keep doing it！不斷地實踐自我！

能照著這個旅程來發展的孩子，不只擁有忙不迭的充實快樂童年，同時，已經為自己的人生命運奠立了一個方向：**學習型的幸福人生**。以下，就是走一趟完整的自我學習歷程的階段。

預備環境→自由選擇→自動追求→神馳→反覆操練→精熟→自信→不斷實踐

不是給老師打分數用的自製機器怪獸。

這是凱凱自製的機器蜘蛛人玩具，每一片木頭都是用學生線鋸裁切，各個關節可以扭轉、伸縮、變化出多種造型。

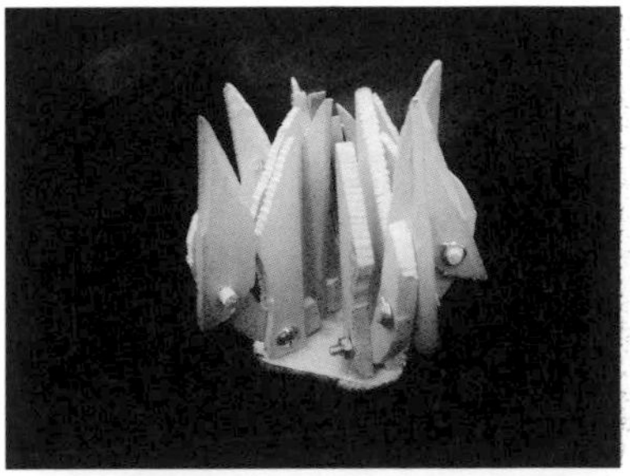

▼▼▼ 體驗「精熟」境界的孩子，會非常清楚自己的能力所在，知道自己能做什麼，因此自然而然能發展出自尊心與自信心。

即使是天性膽怯柔弱的孩子，只要累積多次完整追求「精熟」的經驗，也能突變成樂觀奮進的「陽光孩子」，閃著熠熠的光彩！

因為，他清楚掌握到自己真正的心意動向，又能享受投身其中的追求樂趣，更知道凡事都要努力，也願意努力，於是最終養成了「不斷朝向目標邁進的紀律人生」。

沒時間陪伴，孩子也能自得其樂

當父母忙碌而無法陪伴孩子時，其實他們也會安靜獨處，
並且發展出自己的玩耍方式，引領自己達到神馳的境界。
這種能「自得其樂」的特質，
是創造力與想像力的前驅物，也是孩子學習「專注」的起點，

有限的陪伴時光，不是虧欠，是祝福

我家三小子年齡相近，早些年，當每個小子都還停在「黏ＴＴ時期」時，我常常被小子們搶到快抓狂，無法變出分身的我，直想拿把菜刀把自己切成幾半，送給小子們一人一半。

當時，我常會因為無法充分陪伴每一個寶貝而湧生愧歉感，於是，絞盡腦汁地把自己的時間切割再切割，以顧到每個小子的需求，我幾乎忘記自己的存在。

不過，這幾年，我突然頓悟到一個道理：

正因為手足多，每個孩子被迫適應有限的資源、有限的父母陪伴，他們才可能衍生出絕佳的「自得其樂」能力。因此，我不再覺得對孩子虧欠，反倒覺得「手足多」是孩子莫大的祝福。

兩個哥哥進入中高年級之後，因為課業的難度提升，往往需要爸爸媽媽的指導，特別是高年級每遇考試之前，我不得不隨侍在側，充當家教，因此，幼稚園的小么兒鈞鈞往往就被我拋到一邊放牛吃草。

有一天，正當我如火如荼的拯救哥哥的數學之時，一旁的鈞鈞突然小聲呢喃：「馬麻，我在這裡玩是不是太吵了，我把積木搬進臥室好了！」

聽到這句話，我心裡怔了一下，這小么兒怎麼這麼善體人意？他不僅不怪家裡沒半個人搭理他，還深怕自己妨礙到要讀書的哥哥。頓時間，我既心疼，又感激，更是愧疚！

當然，一瞬間的波動情緒又被接踵而至的數學難題所淹沒，我顧不得在我視線裡消失的鈞鈞，立刻回到現實，繼續帶著孩子解難題。

直到兩個哥哥洗澡入睡，鈞鈞才興沖沖的拉著我的手到臥室。

哇！一整個臥室都成了鈞鈞自創機器人的展覽館，忍了一整個晚上、不敢打擾我的他，迫不及待的介紹每個機器人的名字與特徵，並巴望著兩眼，等待我的讚美與評語。

我還沒開口，就先一把抱住鈞鈞，感激的說：「謝謝你這麼懂事、這麼體貼！」

不過，鈞鈞顯然滿腦子都是他做的機器人，頻頻催促：「馬麻！快啦！快選啦！你覺得哪個機器人第一名？」緊接著，他的巧手又在數秒之間把一隻隻機器人都變換成一部部戰鬥機、飛機、汽車……，原來，眼前的每一隻機器人可不簡單，都是暗藏玄機的「變型金剛」！

當下，我立刻理解了一件事情：

只有孩子擁有自己安靜獨處的時間，才學得會自得其樂。

鈞鈞壓根兒不覺得這忙碌的世界、轉呀轉的家人對他有何虧欠，他把玩具箱整個拖曳到安靜的角落，並非因為媽媽或者哥哥遺棄了他，也不是迫於無奈的選擇；更不是臨到哥哥要準備考試的這一刻，鈞鈞才在忽然間學會了自己玩樂。

打從鈞鈞從學步兒開始，大哥二哥就相繼進入了幼稚園、小學，而他還是悠悠哉哉的學前兒時，哥哥卻已經進入到課業繁重的中、高年級。

每一天，鈞鈞不僅在學習尊重哥哥的作息時間及學習需求，更重要的是，他也在哥哥或爸爸媽媽必須離他而去時，學著自己安排自己的活動、成為自己的最佳玩伴！原來，**孩子真的需要學習「為自己的樂趣負責」啊！**

懂得跟自己相處，是學習「專注」的起點

看到這麼小的鈞鈞能將自己的獨處時光處理得這麼完美，我立刻拋落了所有負面的感受，反倒為他擁有這麼頑強的自處能力感到快慰，尤其，為在他成長之路上能擁有這些個無心插柳的獨處時光，感到十分慶幸。

從鈞鈞交給我那一隻隻機器人的煥發光彩中，我真的理解，**即使這麼小的孩子都需要自己安靜思索、深刻專注的時光。爸爸媽媽哥哥的不理不睬，正好讓他躲進世界的角落，不僅他不想打擾到複習功課的哥哥，也不想讓自己錯失一段安靜美好的創作時光。**

當然，**這不是要爸爸媽媽們都把孩子遠遠拋到安靜的角落，對孩子不搭不理。前提是，只有孩子與父母擁有了健康滿足的感情連結，孩子才可能心甘情願的學習自處之道。只有內心的愛巢被滿足了，孩子才可能進一步踏上自我成長之路。**

因為鈞鈞清楚，每當哥哥入睡之後，我沒有一天例外，必定會擁著他一起讀書，睡前必定給他全然的陪伴，這些紮紮實實的愛的保證，讓他有恃無恐的自我追

尋，盡情享受自我創作的無窮樂趣！我之所以欣慰，不僅是鈞鈞的退讓與貼心，更是他懂得好好的與自己相處，深埋在「自己的樂趣」之中。

當一個孩子能安安靜靜的自我遊戲、自得其樂時，正是「現實」賜給他練習自處的最佳機會。他在這段時間，不會因為你的缺席而怨恨，不會因為爸爸媽媽的漠然而哀傷，這正是他學習「專注」的起點，我們的肢體、言語反而都成了阻礙與干擾。

「自得其樂」是一種很重要的心理能力，它常是創造力與想像力的前驅物，大大方方地和孩子保持距離，放他自己陪伴自己，自我沉澱、自由選擇、自我操練、自己引領自己達到神馳的境界，這些，都必須在他自己的「一人世界」裡秘密發生呢！

無用就是有用，無所事事才能有所試試

孩子自我學習的旅程走到這兒，你可能一直在疑惑著：到底什麼才叫做學習？教育學家史賓賽說：「孩子的興趣不管看起來多麼無用而離奇，同樣可以通向對他一生具有意義的『自我教育』，一旦他獲得這種能力和習慣，同樣會引導他成為一個傑出的、優秀的、有教養的人。」

此段話清晰的點出，學習之路非常廣闊，無論你主觀的認定有用或是無用、有聊或是無聊，只要是孩子自己真心想要學的，都稱得上是學習。

正如同我看待自己三個孩子的自我探索過程，真正感動我的，不是翔翔洋洋灑灑寫出來好幾萬字的小說，不是凱凱一個比一個精巧複雜的作品，不是鈞鈞一眼就能辨認出鳥種的細微差異，而是**親眼目睹孩子從零開始的完整獨立學習歷程，確知孩子心神領會了「自我教育」是怎麼一回事，感恩他們自己就能把自己打造成勤奮堅毅自律追求的孩子！**

因此，即使這些追求歷程不是發生在國語數學社會自然之上，我卻能確知每一個孩子的心智都被大大啟迪過，也似乎看得見腦神經元自動堅韌的連結著，每一個孩子都經歷了真真實實的學習。

史賓賽下了一個結論：「**由孩子自己得來的任何知識，自己解決的任何問題，由於是他自己透過複雜的心智和意志活動所得，就永遠歸他所有。**」

如果你習慣帶著自己的人生經驗與成見來看待孩子的「學習」，那麼很可能難以看出孩子的「學習」，更難遇見孩子「認真學習」與「樂在學習」。

而你的孩子，在遇上怦然心動的事物之前，在找到明確的追求方向之前，在神經元啟動連結之前，還需要沉寂醞釀的時間，這些看似沒有生產力、沒有建設性、被虛擲的光陰，正是爆發學習能量的必要前奏。

《慢活》的作者歐諾黑（Carl Honore）說：**「孩子沒有受到強化刺激的時候、沒得到你關注的時候、閒著無聊的時候，都是成長的一部分。」，「孩子真正需要的是更多不接受輸入的時間，更多處理自己經驗的時間。」**

你的孩子有時需要發呆、放空、放鬆、無所事事。

▼▼▼ 根據腦神經心理學家證實，人在如廁與沐浴時最有創意、靈感最有可能跳出，因為此時的精神壓力較小，神經元的活動受到最少的限制，能自由自在的連結。因此，原本絕不搭線的神經元很有可能產生意外的連接，天外飛來一筆的靈感就此誕生！絕無僅有的新奇念頭，往往最能驅使人劍及履及、立刻行動，而成就獨樹一格的探索與學習。

無論幾歲，都給他繼續遊戲的權利

在課業壓力不算嚴重的中低年級之前，務必給孩子不受干擾、自由自在玩耍的完整時間。高年級時在顧及學業之餘，不過度補習，儘量讓孩子在假日繼續主導自己的學習探索方向。

愛玩，就會有創意

如果養了小狗小貓再來養孩子，或許會更清楚「自由玩耍」是每種幼獸、包括幼兒最重要的成長要素。除了人以外，海豚和黑猩猩是哺乳動物中腦體積最大的，也是最聰明的，但你會發現，牠們也是最愛遊戲的動物，最喜歡在環境裡面尋找刺激。

愛達荷大學的遊戲研究專家 John Byers 從腦部的掃描圖看出，人的大腦在遊戲時，發亮的強度與範圍都超過預期，因此認為，**動物乃藉由自由玩耍、遊戲的方式**

來引導自己的腦組合。

所有非凡的藝術家、科學家幾乎都是在秉持「遊戲之心」時，創造顛峰。

畢卡索說，他必須保持**「童心」**才能作畫。

馬諦斯說，最具有創造力的人永遠具有**「極大的冒險精神與愛遊戲之心」**。

愛因斯坦承認，因為有著**「孩子般愛遊戲的意向」**，才能激發自己的創造力。

確實，當我看到孩子自由玩耍之際，他們總有用不完的點子，超越框架的創意發想，許多點子連大人想破頭都想不出來。

乘坐完貓纜，小子非常有毅力的用橡皮筋一條一條地串在一起，從客廳到廚房、再到臥室，全家被連成了世界最錯綜複雜的空中網絡，然後再用積木做成一節一節車廂掛在橡皮筋上，遠遠望去，繁忙如織的空中交通好壯觀！

到夜市玩過套圈圈之後，在家裡就扮起夜市攤位。我從來沒想過套圈圈的玩法可以千變萬化，小子們蒐集了一疊紅包袋，把大富翁的假錢拿出來隨意分裝，然後擺在地上當套圈圈的戰利品，最後每人把套到的紅包袋裡的錢拿出來計算，看誰最多就最贏。

看完《阿凡達》之後，小子們撿了弧度最漂亮的大樹枝來做弓箭，然後在家裡亂箭飛舞，我看了直覺頭皮發麻，因為真怕他們把家裡的櫃子牆壁射成一個一個小凹洞，更怕他們射傷了自己，於是下達禁令。

沒想到不出一個小時，每一支箭頭都被包上了一團軟軟的衛生紙，然後用膠帶固定，同時還看到兩個裝黑豆油的長方形紙盒被做成了箭袋，不但可以隨時回收散亂一地的箭，當對戰起來時箭枝更是不虞匱乏。

玩過電玩版的angry bird之後，小子們就把一隻一隻小鳥具體化，維妙維肖的用彩色硬紙板做出來，然後仿造電玩，用積木堆成鳥籠，把鳥兒關進去，再用自製弓箭射擊，看誰先把鳥籠射爆，就代表把鳥救出來而贏局。

弓箭玩膩了，我看到家裡更陸續出現了手做的竹槍、十字弓、連發木槍。有一天，小子們還把廚房紙巾貼在椅背框上，然後比賽誰先把紙巾射穿、裂成兩半，連我也忍不住手癢，一箭又一箭地把紙巾射到穿洞、射到裂開，最後撕成兩半，好不過癮。

孩子自己創造出來的超好玩遊戲實在不勝枚舉，每一次看到他們想出來的妙點子，我的心就盪漾不已，就如同看到稀世珍寶，忍不住一聲聲驚嘆。

孩子不花錢，只花頭腦，不需要上街花錢，只要自己動手做，就能享受世界上絕無僅有的獨門遊戲，我不僅不覺得孩子們玩得太兇浪費時間，還會大力鼓吹他們一定要徹徹底底地把自己的妙點子玩到透頂。因為這樣才會知道遊戲設計得好不好，有沒有問題，效果讚不讚，邊玩邊想，邊想邊改良，還會激發更新的創意、更晉級的發明！

十二歲前，是「創意腦」的保鮮黃金期

只要確保孩子不沉迷於網路電玩，並給予他們足夠的自由時間，我發現孩子到了中高年級都還是很愛玩，都還會因為「想玩、愛玩」而創意連連；愈愛玩的孩子點子愈多，也愈靈活機靈。

難怪，**盧梭認為二至十二歲的孩子，應以發展感官體驗為主，不該強迫灌輸知識，要以手腦並用的方式來培養孩子的智力。**

德國的教育改革家J. B. Basedow在十八世紀時也提出，應以自然教育的方式來教導學生，以遊戲來進行藝能、感官體驗的教學。

擁有眾多諾貝爾得獎者的德國，更在憲法中明文規定：**「禁止設立先修學校，禁止對孩子過早開發智力」**，免得把孩子的大腦變得僵化。

不過，你一定擔憂，一味地鼓吹孩子自由玩耍，難道正規的課業都可以不管

嗎？特別是我們東方人根深蒂固的士大夫信念：「業精於勤，荒於嬉」。憑良心說，孩子愈大，功課愈蠻重，不想緊迫盯人也難。

我的良心建議是，**在課業壓力不算嚴重的中低年級之前，請你務必要給孩子自由自在玩耍的時間，而且是一整片不受干擾的時間，讓他們靜心地思考、重複地操作，一定要讓孩子好好經歷幾次完整的自我追求歷程，也就是前面所述，由他自己內心出發的一整趟學習**。

因為這些自我學習的歷程，絕對深刻，絕對美好，絕對會深深刻印在他們的腦海裡，如前所述，就彷彿蓋了章一樣，一旦經歷，一輩子都受用。

你必須深信你的孩子，他們不會因為年幼就不懂得好好運用時光，你不必一定得捲起衣袖來安排他們大部分的時光，霸佔他們的童年。

然而，**若要兼顧學業與自我體驗，你就得幫助孩子養成規劃時間的習慣，學習有效率地運用時間，知道一定要先盡到學生的本分，才有資格享受自由時間，自我探索。**

中低年級的孩子只要善於利用時間，絕對能享受到一大片一大片幸福自由的美好時光，充分探索。**但前提是，你必須先放輕鬆，不要跟著別人亦步亦趨，也不要**

被琳瑯滿目的才藝補習課沖昏了頭。適合別人孩子的路線，未必適合你家的孩子！

記得，**「觀察孩子」是觀察你自己的孩子，而不是觀察別人的孩子**，仔細感受孩子的心向動念是什麼？真正的興趣在哪裡？別老是在意別人家的孩子在學些什麼，又多會了什麼，深怕自己跟不上腳步，緊張兮兮的盲目跟從，然後把孩子當成硬碟一樣，把他的時間與記憶體佔得滿滿，落得他們最後只會不斷被動接收訊息，既沒有時間思考，也沒有餘力探索。這樣，如何把「自我教育」貫串在他的童年歲月之中呢？

設定終生學習的模式

從高年級開始，所有學制內的課程開始變得更深更廣，需要投注的時間更多，特別是到了中學時期，在體制內的各科學習，如國文、數學、生物、理化、史地，內容都非常繁複艱深，勢必花掉孩子大部分的時間與心力，才得以紮實地學習。

此時期，確實是孩子建立基本學力、完整裝備自我的一段艱辛求學歲月，我的作法是，**在顧及學業之餘，不再讓孩子過度補習，儘量讓孩子在周末與假期空出一片時間，繼續主導自己的學習探索方向。**

翔翔在周末總是能有一段自我陶醉的寫作時光，凱凱則非常有效率地完成課業，依然沉浸在繪製設計圖與手做樂趣之中，而我，持續欣賞著同時顯現在他們臉上的悠然自得與如同工作楷模般的嚴謹神情。

在整個大環境的學習模式尚未完全轉變之際，我跟大部分的家長一樣，對於孩子在學制內的學習也不敢掉以輕心，但也不想完全妥協於緊湊逼人的繁重課業。

然而，我相信只要在腦海裡烙印了自主學習的深刻體驗，一旦度過了課業繁重的中學時光，兒時那些自我探索的衝勁與動力必定會捲土重來。

況且，**中學時期的苦心用功不是沒有功能，系統性的智識開發與抽象邏輯思考訓練，能提升基本學力，並鍛鍊思考能力，當自主探索的狂潮再度爆發時，帶著這些更完善的學習裝備，將使得幼年時期混沌的遊戲與活動，銳變為具有價值的生涯志業。**

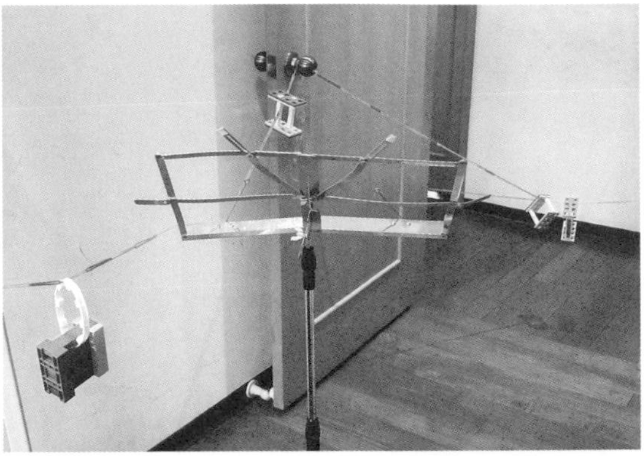

絕無僅有的獨門遊戲。

搭完貓纜後，孩子們利用橡皮筋與積木架設空中纜車；還有廢物利用做箭袋，再將每一根「箭」都包上衛生紙。這些都是孩子自己想出來的妙點子。

▼▼▼ 走出教室，跟學校揮別，絕對不會是學習的結束，因為，凡走過的必留下痕跡，「自我教育」的早期記憶已把人格設定成「終生學習」模式；再加上青少年期苦心提升自己的基本學習力，一旦天時、地利、人和，時機到了，這套模式必定能把孩子的學習熱潮再度引出來，並且必定會在他們的人生中發光發熱，創造巔峰。

每個孩子都有自己的人生使用手冊

每個孩子都是很獨特的，都有屬於自己的天賦與能力，以及各自的優項與弱項。
善用孩子的心智結構，使他的大腦結構不斷朝向正向、正確的發展，
這才是高品質的教育，
也才能真正幫助孩子完成自己想要的學習旅程。

因著遺傳基因或後天發展，每個人的腦神經突觸會形成不同的串聯模式，這讓每個人的大腦都呈現獨一無二的圖像，世界上絕對不會有兩個一模一樣的大腦，因此每個孩子都是很獨特的，都有屬於自己的天賦與能力，以及各自的優項與弱項。

不同的大腦圖像，呈現不同的兒童心智結構；**每幅心智風貌圖像都有其長處與弱處，沒有先天的優劣之分，只有後天的善用或錯用之別**。

你不需要靠著數據來鑑定孩子到底是不是資優，因為這個世界上不會只有一種天才大腦的圖像；也絕對沒有完美無缺的心智結構，每個孩子都會在某方面具有潛在的、或是已顯露的天分，他的神經連結模式總會在某部分顯出光彩。

正因為每個人的心智圖像大異其趣，因此每個孩子都像是一本引人入勝的書，值得我們仔細玩味。記得，**你天天親自陪伴、貼近觀察，絕對會比智力測驗的分數更為精準！**

兒童發展與學習專家米爾・李文（Mel Levine）說：「**求學生涯中，各類心智都在尋找、也必須尋找到充分運作的最佳模式。」，「不同的兒童心智結構注定導向不同的遊戲型態，不同的練習、不同的精熟類型，最後分出不同類型的成人生活。」**

你為什麼要幫助孩子？可不在於要讓他們文武雙全、樣樣精通，而是善用孩子的心智結構，使他的大腦結構不斷朝向正向、正確的發展，這才是高品質的教育，也才能真正幫助孩子完成自己想要的學習旅程。

自己做自己，自己運用自己，自己實踐自己，自己認可自己，孩子就能創造自尊、自信、圓滿、豐盛的生命！

其實，這整個過程中，你本來就是局外人，要做的是實在不多，我以四十個字做總結：

專心陪伴、觀察孩子

創造環境、補給資訊
不設目的、打破成見
給予自由、放空留白
運用自己、融入生活

▼▼▼跟著本書，你已經對孩子一整趟自我學習旅程瞭若指掌，如果孩子真的能完成一趟趟自我開發的歷程，他的腦神經突觸將如同無拘無束的畫家一般，快速伸展、自由連結，整個大腦將呈現更個人化、更為鮮明、強韌的串連模式，用進廢退，大腦的樣貌因此愈來愈清晰分明。最終，每個孩子都能導出自己獨特而美麗的大腦心智圖像！

每個孩子都能導出自己
獨特而美麗的心智圖像！

讓孩子做自己、運用自己、實踐自己、認可自己，
他就能創造自尊、自信、圓滿、豐盛的生命！

孩子就像一本引人入勝的書，
值得我們仔細玩味。

每個孩子的心智圖像都大異其趣，沒有先天的優劣之分，只有後天的善用或錯用之別。

另外，對於孩子喜愛的電影或卡通，我多半會蒐集雙語影片，並且和孩子約法三章，如果以中文字幕看過了三遍，那麼第四遍開始就要換成英文字幕。而孩子都有一個特性，就是會不厭其煩地重複觀賞自己喜愛的故事，利用此特性，並規定參照英文字幕，孩子很容易把英文對白與已經熟悉的情節對應起來，而能快速地感受到每一句的意思，甚至在數遍之後，已將許多單字深深烙印在腦海。

即使，不能精確地拼對每一個單字，但是卻能牢牢記住每一個單字相對應的音形，當想要進一步背誦單字時就會容易得多，最重要的是，他們的發音多半跟電影裡一樣的自然順暢。

為什麼我家的孩子不會主動學習英文？

沒有半個孩子會主動學習英文，但是每個孩子對於自己著迷的題材，往往不太計較素材是以何種語言呈現。在孩子迫不及待想親近自己喜愛的領域時，即使是英文，內心也會產生一股擋不住的動力想一探究竟。這，無疑的，是孩子學習英文的有利契機。

抓緊孩子的「個別興趣」，穿插搭配以相關的英文素材做延伸性的學習，不失為「事半功倍」輕鬆親近英文的法則。

比如，我家老大翔翔在沉迷於魔術的時期，每每把分配到的電腦或iPad時間都用來查詢最新的魔術，而這些魔術幾乎都來自美國，一個對魔術幾近瘋狂的孩子，為了要學會夢寐以求的魔術技術，突然有了毅力，也突然能強迫自己打開英文耳朵，神奇地聽懂所有的魔術步驟。

而老三鈞鈞是一個小動物迷，我因此幫他尋找到許多難易適中的「動物類繪本童書」，沒想到，效果奇佳，平常閱讀耐力有限的他，不僅非常喜愛裡面講述的動物資訊，還會進一步查詢相關的影片或圖片，來印證書中的內容，順著這股驅力，英文自然不是「語言屏障」，而是「忘了它的存在」的媒介。

很明顯的，在以上的情境中，孩子從來沒有想過自己是在「學英文」，而是不假思索的涉獵自己有興趣的資訊與主題。

教養生活 035

孩子有想法，我們就想辦法：開始天賦教養的5堂課

作　者—彭菊仙
責任編輯—郭香君
執行企劃—張燕宜
封面、內頁版型設計—比比司設計工作室
董事長
總經理—趙政岷
總編輯—余宜芳
出版者—時報文化出版企業股份有限公司
10803台北市和平西路三段二四〇號四樓
發行專線—（〇二）二三〇六—六八四二
讀者服務專線—〇八〇〇—二三一—七〇五
（〇二）二三〇四—七一〇三
讀者服務傳真—（〇二）二三〇四—六八五八
郵撥—一九三四四七二四時報文化出版公司
信箱—台北郵政七九～九九信箱
時報悅讀網—http://www.readingtimes.com.tw
電子郵箱—history@readingtimes.com.tw
第一編輯部臉書　http://www.facebook.com/readingtimes.fans
流行生活線臉書　http://www.facebook.com/ctgraphics
法律顧問—理律法律事務所　陳長文律師、李念祖律師
印　刷—華展彩色印刷股份有限公司
初版一刷—二〇一四年六月十三日
初版四刷—二〇一七年八月二十九日
定　價—新台幣三〇〇元
（缺頁或破損的書，請寄回更換）

時報文化出版公司成立於一九七五年，
並於一九九九年股票上櫃公開發行，於二〇〇八年脫離中時集團非屬旺中，
以「尊重智慧與創意的文化事業」為信念。

國家圖書館出版品預行編目（CIP）資料

孩子有想法，我們就想辦法：開始天賦教養的5堂課 / 彭菊仙著. --
初版. -- 臺北市：時報文化, 2014.06
面；　公分
ISBN 978-957-13-5961-8（平裝）

1.親職教育 2.子女教育

528.2　　103007930

ISBN 978-957-13-5961-8
Printed in Taiwan